泰国旅行助手
无微不至的旅行管家

《出境旅行助手》编辑部 编著

北京·旅游教育出版社

写在前面 FOREWO

旅行是一种体验,也是一种记忆。

背上行囊,开始远行。书在包中,包在肩上,路在脚下。

出境旅行助手丛书,是实现旅行梦想的工具,是答疑解惑的管家,是收藏记忆的百宝箱。我们以碎片化、图表化的结构,将旅行中可能会遇到的各种问题,直观呈现解决方案,让读者能在最短的时间内,规划出属于自己独一无二的行程,完成一次美好的旅行。

作为旅行助手,我们为您提供了最实用的旅行问题解决方案,随时静候查询:

—— 如何办理护照与签证?
—— 怎样订机票最便宜?
—— 如何解决目的地住宿?
—— 境外刷卡有什么要求?
—— 在境外如何打电话?
—— 出发时要带什么行李?
—— 如何从机场前往市区?
—— 哪些 APP 最实用?
—— 遇到了意外情况怎么办?

作为贴心管家,我们为您做出了科学的行程规划,吃住行游购娱,样样精心安排:

—— 吃什么最地道?
—— 住哪里最合适?
—— 怎样出行最便捷?
—— 去哪玩最经典?
—— 买什么最实惠?
—— 玩什么最尽兴?

凡此种种,对于一个出境游经验不甚丰富的人来说,都是迫切需要解决的问题。

我们还以"过来人经验谈"的形式,晒出了数十位旅游达人的亲身体验,以期更加深入地与读者分享旅途中的点点滴滴……

说走就走,是旅行的号角;充分准备,是旅行的保障。著名作家王小波曾经说过:"当一切都开始了以后,这世界上再没有什么可怕的事。"Lonely Planet 创始人托尼·惠勒也曾说过:"当你下定决心准备出发时,最困难的时刻就已经过去了。"

亲爱的读者,还在等什么?快把我装在包中,一起出发吧!

PS 本书写了什么?

泰国是个神奇的地方,有让人顶礼膜拜的寺庙,也有隐于转角处的神圣空间。《泰国旅行助手》浓墨重彩地介绍了"去泰国要做的9件事""4大步骤详解出入境""吃货教你吃'泰'餐""泰国扫货必备攻略"等内容。从行前准备到游玩攻略,从出入境到机票预订、酒店预订、长途汽车预订等,事无巨细地进行了梳理,给出特色旅行线路,帮助读者打造专属行程,是国内游客前往泰国旅行的专业助手和贴心管家。

参观佛寺要注意

 过来人经验谈

 锦秋·男·某公司总经理·热爱摄影

泰国是一个佛教国家,有着自己独特的文化传统和习惯,前往泰国旅游应注意尊重当地的习俗,尊重泰王室成员,尊重佛教礼仪。泰国法律中,有部分是关于宗教保护的,这些法例不单指佛教,也包括国内其他信仰。不懂得宗教禁忌的人,即使并非故意侮辱宗教,也会引起别人的反感。

 夏天的末儿·女·只是爱旅行·没有环游世界的勇气

在泰国,女孩子非常适合穿长裙,既凉快、漂亮又不失礼,一件薄薄的长袖防晒外套,更是旅行必备神器。进佛堂就要脱鞋,最好还是穿一双方便穿脱的鞋子吧。免得像我一样,总是要同伴等我系鞋带。

泰国旅行特别提示
SPECIA

 赵先森·男·某公司职员·自拍狂人

泰国的阳光很强,遮阳伞和墨镜是必备的物品。不过在进入佛寺特别是进入佛堂的时候,一定要记得把伞合起来,把墨镜摘掉,不要像我似的被人家说。如果戴了帽子,在进入佛堂的时候也要记得摘掉。

 管家提示

进入佛寺参观,衣着要整齐,进入佛堂内,要脱帽脱鞋,禁止吸烟。无论男女都应当穿着长衣长裤,每尊佛像不论大小、是否完好都是神圣物品,不要攀爬或踩踏佛像,不要把佛像放在裤兜里(下身为不洁)。

遇见僧侣谦逊有礼

过来人经验谈

 旅行者－阿鬼·男·专业旅行者

在泰国旅行时,早上经常能看到出来化缘的僧侣,我们只是将自己的食物与他们分享,他们倒也乐于接受。遇见僧侣的时候多半是太阳刚升起的时候,阳光下,着黄色僧袍的年轻僧侣脸上的笑容十分温暖。

 丁丁&兔·女·气质单身女孩儿

在泰国很容易碰到僧侣,在来之前有过了解,所以,只是点个头而已,作为女孩不敢跟他们有太多的交流,生怕犯了人家的什么忌讳。

 管家提示

遇见托钵化缘的僧侣,千万不能送现金,因为这是破坏僧侣戒律的行为,可以布施面包等食物。在路上遇见僧侣应当让路,不要踩在僧侣的影子上。不能与僧侣邻座,一般汽车最后一排是给僧侣预留的座位,如果坐了,应当给僧侣让位置。女性请注意不要碰触僧侣。

过来人经验谈

爱在驴途 · 男 · 自由职业者 · 大神级别

在泰国，佛像可以说得上是随处可见的，这也更能让人感受到泰国人对于佛像的尊重。即便是路边一座小小的佛像，几乎所有的泰国人经过的时候都会双手合十行个礼才会过去。我第一次去泰国的时候还曾手扶佛像照过一张照片，后来被朋友很委婉地提醒了一下，才知道这是很不尊敬佛像的行为，从此之后，再拍照留念就很少敢用手去触摸了。

管家提示

佛像无论大小或是否损坏，都是神圣的，绝对不可爬上佛像拍照，或对佛像做出不尊敬的举动。爬上佛寺围墙取景，也是不允许的。很多佛堂内都是禁止拍照的，在出入佛堂时一定要留意门口的指示牌，尤其玉佛寺佛堂内，绝对禁止拍照。

景区留念文明有礼 3

随身物品及时查看 4

过来人经验谈

轩陌锦年 · 女 · 时尚编辑 · 注重旅行质量

在泰国旅行,随身携带的东西总是很多,墨镜、帽子、外套、包包还有随时要用的防晒霜和伞,一不小心总是会落下。如果想得起来,回去找的时候一般都会在前台找到,可是有的时候就根本想不起来了,好在泰国的防晒霜选择很多很好用也很便宜,多买几瓶也无所谓了。

夏天的末儿 · 女 · 只是爱旅行 · 没有环游世界的勇气

在泰国旅行,免不了要去海边玩,一个防水的袋子是必不可少的,不过最好还是把贵重的物品放在酒店前台或是找个储物柜放起来,要不然被浪花卷了去,可实在是会影响游玩的心情啊。

管家提示

不管是离开旅馆还是饭店,记得养成回头检查一下行李的习惯。比起待在家里,你在路上会带更多东西。所以,当你在街头的餐厅或咖啡馆休息,离开时一定要检查一下,别忘记外套或者笔记本。

泰国美女

目录 CONTENTS

亮点	4大特色抢鲜读
16	NO.1 微信互动
16	NO.2 过来人经验谈
16	NO.3 速查速知
16	NO.4 管家提示

游季	泰国旅行月历
17	热季
19	雨季
20	凉季

体验	7大玩法必体验
22	NO.1 穿梭于寺庙中
22	NO.2 体验泰式SPA
22	NO.3 感受潜水
23	NO.4 骑大象
23	NO.5 水上市场购物
23	NO.6 观看"人妖"艺术表演
23	NO.7 徒步穿越

导读	6条线路玩转泰国
24	去泰国北部探秘
35	沿南部岛屿前行

Part 1 去泰国要做的9件事

NO.1　如何办理护照与签证
- 46　过来人经验谈
- 47　熟知护照办理流程
- 48　自己怎样办签证
- 49　找机构代办省时省心
- 50　**管家提示**

NO.2　去泰国怎样订机票
- 51　**过来人经验谈**
- 51　常用的机票预订网
- 52　提供直飞泰国航班的航空公司
- 54　购买廉价机票小策略
- 54　机票预订不可忽略的事
- 55　图解泰国机票预订流程
- 56　**管家提示**

NO.3　怎样解决在泰国的住宿
- 57　**过来人经验谈**
- 58　泰国常见的住宿类型
- 58　"驴友"最常用的预订网站
- 59　酒店预订不可忽略的事
- 60　图解泰国酒店预订流程
- 62　**管家提示**

NO.4　如何在泰国刷卡
- 63　**过来人经验谈**
- 63　哪些信用卡在泰国能用
- 63　如何在泰国使用银行卡
- 65　附赠境外保险的信用卡
- 65　**管家提示**

NO.5　兑换泰铢那点事
- 66　**过来人经验谈**

Part 2
4大步骤详解出入境

67	支持泰铢兑换的机构	
67	坚决不要大额泰铢	
68	带多少泰铢合适	
68	说说小费那点事	
68	**管家提示**	

NO.6 携带行李有讲究
- 69 过来人经验谈
- 69 必备行李
- 69 备用装备
- 70 做个行李备忘录
- 70 **管家提示**

NO.7 做好通信准备
- 71 过来人经验谈
- 72 方便快捷的国际漫游
- 74 省钱的电话卡
- 76 教亲人如何与你联系
- 76 **管家提示**

NO.8 买份旅行保险
- 77 过来人经验谈
- 77 哪些保险公司靠谱
- 77 花小钱换大保障
- 78 **管家提示**

NO.9 提前下载 APP
- 79 过来人经验谈
- 79 谷歌地图
- 80 猫途鹰
- 80 Booking
- 80 泰国当地通
- 80 Speak Thai
- 80 **管家提示**

NO.1 出境别大意
- 84 过来人经验谈
- 84 为何提早去机场
- 85 出入境登记卡填写
- 86 关税申报表
- 87 轻松化解落地签难题
- 89 **管家提示**

NO.2 入境别慌张
- 90 过来人经验谈
- 90 入境检查
- 91 行李领取不出错
- 91 海关检查
- 91 顺利出关
- 91 不可不知的转机常识
- 92 打电话与国内亲人联系
- 93 适应泰国时差
- 93 **管家提示**

NO.3 从机场前往市区
- 94 过来人经验谈
- 95 乘公共交通前往
- 96 提车自驾前往
- 96 **管家提示**

NO.4 安全离境那些事
- 97 过来人经验谈
- 98 办理离境手续
- 98 离境检查
- 98 **管家提示**

专题：在泰国如何乘公共交通工具
- 99 轻轨
- 103 地铁
- 106 公交车
- 107 公交船

Part 3 境内预订，看这些就够

NO.1　长途汽车预订
- 112　**过来人经验谈**
- 113　畅行泰国的长途汽车线路
- 113　长途汽车预订流程
- 118　**管家提示**

NO.2　火车票预订
- 119　**过来人经验谈**
- 120　畅行泰国的火车线路
- 123　获取搭乘火车的技能
- 124　**管家提示**

NO.3　机票预订
- 125　**过来人经验谈**
- 125　常用的热门机票预订网
- 126　图解泰国境内机票预订流程
- 128　**管家提示**

NO.4　旅行团预订
- 129　**过来人经验谈**
- 129　在泰国怎样报团
- 129　泰国知名地接社
- 130　跟团游经典线路
- 130　**管家提示**

Part 4 吃货教你吃"泰"餐

NO.1　泰国有什么好吃的
- 134　**过来人经验谈**
- 135　平常都爱吃这些
- 136　地方特色辣、酸、甜
- 136　**管家提示**

NO.2　怎样找到中餐馆
- 137　**过来人经验谈**
- 137　曼谷中餐馆推荐
- 138　清迈中餐馆推荐
- 138　普吉岛中餐馆推荐
- 138　**管家提示**

NO.3　找餐馆有技巧
- 139　**过来人经验谈**
- 139　常见的泰国餐馆类型
- 140　如何寻找泰国本土餐馆
- 142　**管家提示**

NO.4　达人教你看菜单
- 143　**过来人经验谈**
- 143　泰国人一日三餐吃什么
- 144　像当地人一样去点餐
- 145　一看就懂的用餐习惯
- 145　**管家提示**

NO.5　结账时如何付费
- 146　**过来人经验谈**
- 147　结账方式的选择
- 147　小费如何支付
- 147　**管家提示**

Part 5 泰国扫货必备攻略

NO.1 买什么最地道
- 150 过来人经验谈
- 151 特产
- 151 本土品牌
- 152 化妆品/护肤品
- 152 工艺品和香薰
- 153 日常药品
- 153 服装
- 153 管家提示

NO.2 去哪里买最合适
- 154 过来人经验谈
- 155 商场
- 158 品牌直销店
- 158 免税店
- 159 夜市
- 159 水上市场
- 159 管家提示

NO.3 砍价结账必用技
- 160 过来人经验谈
- 160 哪些地方可以砍价
- 161 砍价小窍门
- 161 熟知不同的结账方式
- 161 管家提示

NO.4 说说退税那些事
- 162 过来人经验谈
- 162 旅行者如何退税
- 164 机场退税流程
- 164 管家提示

NO.5 买多了东西怎么办
- 165 过来人经验谈
- 165 物品可否过海关
- 166 带上飞机有什么要求
- 167 行李邮寄
- 167 管家提示

Part 6 如何在泰国自驾游

NO.1 准备
- 170 过来人经验谈
- 170 了解泰国的公路状况
- 170 确定行程与路线
- 171 买一份中英泰文的地图
- 171 提前做好驾照公证
- 171 管家提示

NO.2 租车
- 172 过来人经验谈
- 172 租车自驾资质要求
- 173 车友常用的自驾租车网
- 173 学会挑选租车公司与车型
- 175 学会网上租车
- 177 管家提示

NO.3 提车
- 178 过来人经验谈
- 178 如何前往租车点
- 179 如何办理提车手续
- 179 管家提示

NO.4 驾车
- 180 **过来人经验谈**
- 180 规划线路有张有弛
- 181 了解当地驾车习惯
- 181 熟悉当地交通规则
- 182 道路标志解读
- 183 公路收费
- 183 掌握停车技巧
- 184 一图学会加油
- 185 意外处理
- 185 随车设备有备无患
- 185 **管家提示**

NO.5 还车
- 186 **过来人经验谈**
- 186 机场还车轻车熟路
- 187 异地还车方便快捷
- 187 **管家提示**

NO.6 自驾新方式
- 188 **过来人经验谈**
- 188 拉风的摩托车
- 189 **管家提示**

专题：从国内自驾到泰国
- 190 出行准备
- 190 跨国车辆入出境
- 191 保险

Part 7
泰国主题游精选

NO.1 寺院之旅
- 194 **过来人经验谈**
- 194 金佛寺
- 195 卧佛寺
- 196 玉佛寺
- 196 巴侬舍利塔寺
- 197 帕侬蓝寺
- 198 黎明寺
- 198 其他寺院
- 199 **管家提示**

NO.2 王室建筑之旅
- 200 **过来人经验谈**
- 201 大王宫
- 202 泰王五世行宫
- 202 拷汪宫
- 203 邦巴因行宫
- 203 爱与希望之宫
- 204 **管家提示**

NO.3 海岛之旅
- 205 **过来人经验谈**
- 206 普吉岛
- 206 苏梅岛
- 207 甲米岛
- 207 皮皮岛
- 208 珊瑚岛
- 208 其他岛屿
- 209 **管家提示**

NO.4 SPA之旅
- 210 **过来人经验谈**
- 211 Health Land
- 212 亚洲草本协会
- 212 悦榕庄 SPA

212 迪瓦娜水疗中心
213 佰特莱泰国健康中心
213 Let's Relax
213 萨拉当按摩街
214 **管家提示**

NO.5　其他特色主题
215 **过来人经验谈**
216 清迈夜间动物园
217 大象一日游
217 四轮越野摩托车
217 **管家提示**

专题：带小孩游泰国
229 机票
230 住宿
230 游玩
专题：带老人游泰国
232 住宿
232 游玩

Part 8
突发情况从容应对

NO.1　物品丢失
220 **过来人经验谈**
220 护照丢失
221 信用卡丢失
222 行李丢失
223 机票丢失
223 遇到小偷
223 **管家提示**

NO.2　身体不适
224 **过来人经验谈**
224 说说泰国医疗
225 买药方式
225 食物中毒
225 普通感冒
225 突发疾病
225 **管家提示**

NO.3　其他突发事件
226 **过来人经验谈**
226 卫生间
228 **管家提示**

Part 9
附录

236 应急电话
236 ATM 取款常用语
237 中国驻泰国使领馆
237 泰国主要旅游网站
237 泰国世界遗产
238 泰国行政区划
239 女性与儿童健康

亮点
HIGHLIGHT

4大特色抢鲜读

NO.1 微信互动
关注我们的微信公共平台"出境旅行助手"（微信号：cjlvzs），动动手指就能获取境外旅行资讯、攻略、小技巧，让旅途更加轻松、多姿多彩。

NO.2 过来人经验谈
过来人告诉你如何玩泰国，让你消除对泰国的陌生感。不管是办护照、签证，还是入境，甚至如何吃、住、行、游、购、娱等，都能从过来人的讲述中汲取经验。

NO.3 速查速知
快速获取泰国应急电话、中国驻泰国使领馆、泰国主要旅游网站、泰国世界遗产、泰国行政区划等信息。

NO.4 管家提示
管家提示无微不至，从计划去泰国到回程，面面俱到，让你用最简单、省心的方式畅游泰国。

游季

泰国旅行月历

热季 2~4月

👕 **穿衣指数**

白天： 平均34℃，建议穿轻棉织物制作的短衣、短裙、薄短裙、短裤等清凉透气的衣服，还需带上防晒霜、太阳帽、墨镜。

夜间： 平均23℃，建议穿棉麻面料的衬衫、薄长裙、薄T恤等清凉透气的衣服。

🌡 温度

曼谷热季气温			
月份	2月	3月	4月
日均最高气温	33℃	34℃	35℃
日均最低气温	23℃	25℃	26℃

🎈 节日及节庆

时间	节日及节庆
2月	万佛节
3月	圣迹节
4月	曼谷王朝纪念日、泼水节

📷 适合游玩之地

热季适合游玩地资讯		
名称	所在地	交通
普吉岛	泰国南部	乘飞机至普吉机场
甲米岛	泰国南部	从普吉岛乘长途汽车可到甲米岛长途汽车站
董里	泰国南部	可从甲米长途汽车站乘长途汽车到董里
桂河大桥	华欣	从市中心或华欣海滩步行可到
素贴山	清迈	可以在清迈市内包双条车前往，也可以在清迈大学位于 Th Huay Kaew 街上的主大门前乘坐红色双条车（Sawngthaew）前往素贴山

雨季 5~10月

👕 穿衣指数

白天： 平均约32℃，建议穿轻棉织物制作的短衣、短裙、薄短裙、短裤等清凉透气的衣服。

夜间： 平均约24℃，建议穿棉麻面料的衬衫、薄长裙、薄T恤等清凉透气的衣服。

🌡 温度

清迈雨季气温						
月份	5月	6月	7月	8月	9月	10月
日均最高气温	34℃	33℃	32℃	31℃	32℃	31℃
日均最低气温	24℃	24℃	24℃	24℃	23℃	22℃

🎈 节日及节庆

时间	节日及节庆
5月	劳动节、泰王登基纪念日、春耕节、佛诞节
6月	鬼脸节
7月	阿沙茶节、烛火节、守夏节、佛祖开示纪念日
8月	王后诞辰日
9月	美食蔬果节
10月	五世王纪念日、素食节

📷 适合游玩之地

雨季适合游玩地资讯			
名称	所在地	地址	交通
曼谷大王宫	曼谷	Na Phra Lan Rd., Phra Nakhon, Bangkok	从华南蓬火车站乘48、53路公交车
卧佛寺	曼谷	2 Sanamchai Road, Phra Nakhon, Bangkok	乘508、512路公交车可到
帕辛寺	清迈	Sri Phum, Mueang Chiang Mai, Chiang Mai 50200	搭乘突突车（TukTuk）包车前往，50泰铢左右
素可泰遗址公园	素可泰	位于素可泰市区以西约14千米处	在 Th Jarot Withithong 路上搭乘小货车前往，费用20泰铢，行程30分钟

凉季
11月至次年1月

👕 穿衣指数

白天： 平均约31℃，建议穿棉麻面料的衬衫、薄长裙、薄T恤等清凉透气的衣服。

夜间： 平均约20℃，建议穿单层棉麻面料的短套装、T恤衫、薄牛仔衫裤、休闲服、职业套装等舒适的衣服。

🌡️ 温度

普吉岛凉季气温			
月份	11月	12月	1月
日均最高气温	31℃	32℃	32℃
日均最低气温	24℃	24℃	24℃

🎈 节日及节庆

时间	节日及节庆
11月	大象节、水灯节
12月	国庆节、宪法纪念日、郑皇节
1月	元旦、儿童节

📷 适合游玩之地

凉季适合游玩地资讯			
名称	所在地	地址	交通
芭东海滩	普吉	泰国普吉镇15千米	从普吉机场乘坐机场巴士到Central Festival或Big C下车，再坐双条车前往，费用约200泰铢
因他暖山国家公园	清迈	Chom Thong District, Chiang Mai	前往因他暖山国家公园，搭公交车需在宗通和湄岗转两次车
清迈国家博物馆	清迈	Super Highway, Chiang Mai	包突突车从清迈前往，费用约60泰铢
大城王宫遗址	大城	Khlong Tho Rd.	步行可到

体验

7大玩法必体验

EXPERIENCE

NO.1 穿梭于寺庙中

泰国是全球著名佛教寺庙集中地,到处弥漫着宗教气息。从朴实无华的小寺庙到华丽尊贵的圣殿,在泰国人心中,每一处都神圣,都不容侵犯。来到泰国,不妨带着一份虔诚,走进寺庙虔诚地膜拜一番,一定意义非凡。

NO.2 体验泰式SPA

在这个微笑的国度,可以体验各种形式泰式SPA的"爱抚"。这里的每个SPA中心都有独特的风格,宛如世外桃源般的设计、独立的个人空间、迷人的泰式风情,再加上空气中弥漫的清新草香,让人不知不觉中忘掉所有烦心事。

NO.3 感受潜水

泰国海底水清沙幼,水下生物丰富多样,是鱼群、海龟、珊瑚、小丑鱼的家园。潜到海底,和世界著名的鲸鲨共游,穿梭于色彩斑斓的鱼群、夺目的海珊瑚礁,真正与大自然亲密接触。

NO.4 骑大象

大象可以说是重要的泰国文化符号,在这里除了可以观看到精彩的大象表演外,还可以骑上大象,开启一场精彩的探险之旅。大象带你蹚过小溪,穿越森林,那将是一种多么有趣的体验啊!

NO.5 水上市场购物

在水上市场,可以体验浓浓的泰国集市文化。这里有穿梭前行的小船、泰国首屈一指的小吃,还有不少见证历史的古老民居,可以从木船上购买船店的食品,也可以乘船体验当地水上人家的生活。白天的喧嚣过后,找个靠河的小店,静静地喝杯咖啡、听听音乐,享受难得的闲暇。

NO.6 观看"人妖"艺术表演

泰国有高水准的"人妖"艺术表演,"人妖"演员衣着华丽,仪表姣好,体态动人。"她们"在舞台上尽情地展示着美丽的容颜和优雅的身段,既有迷人的泰国舞蹈,也有奔放的"巴西桑巴",还能演出滑稽戏、哑剧等,把女性的美淋漓尽致地表现出来。

NO.7 徒步穿越

在泰国北部的山区里有着绝美的热带雨林风光,深藏于原始森林里的美丽只有通过徒步穿越才能看到。近距离感受大自然的脉动是在泰国徒步穿越最大的乐趣,专业的领队和成熟的路线,让人们在欣赏新奇风景的同时,也能保证最基本的安全。

导读 | 6条线路玩转泰国

去泰国北部探秘

线路1：曼谷→清迈→清莱→夜丰颂→清迈

> 过来人经验谈

旅行者－阿鬼·男·专业旅行者

我跟搭档阿涛到清莱的时候，租了一部摩托车，一天只要人民币20元，加10元钱的油就足够玩了。这里消费超级低，应该说整个泰国都是吃饭便宜、购物便宜、景点门票便宜！我俩当时刚从消费昂贵的柬埔寨、老挝来，遇到消费这么低的地方，根本把持不住啊！夜市整条街都是吃的、小礼品什么的，逛累了，旁边还有泰国正宗的"马杀鸡"，1小时全身按摩或者足底按摩也就是人民币30元左右，相当划算。我俩吃完、按完回到住宿地的时候都已经凌晨两三点钟了。

赵先森·男·某公司职员·自拍狂人

如果你对清迈有点陌生，那就来这里看看吧，活脱脱一个《泰囧》的片场啊。据说《泰囧》里讲的故事大多数都发生在清迈，并且也确实是在清迈取景的。经常有新认识的当地人说最近真的有很多中国人涌向清迈，想必这就是《泰囧》效应吧。

夏天的末儿·女·只是爱旅行，没有环游世界的勇气

在清莱入住的是 Kok 河边的艾美酒店，环境很好，非常满意。一早去白庙看，非常震撼，只要进入白庙范围，各种东西都有造型，让人不得不感叹建筑的精妙和设计师的精细。听导游说，白庙和黑庙都是设计师自己的财产，建造出来之后免费供游人来游览，情不自禁就佩服这位设计师。参观完白庙，我们到附近的 Centranl Plaza Chiangrai 吃饭，二楼有一些饭馆，可自由选择。商场里的游客不是很多，吃完饭我们在这里转了一下。下午去看了黑庙，黑庙和白庙在清莱是两处极具盛名的寺庙，两座庙的风格也大不一样，看完之后我们就回酒店了。

▲线路1（去泰国北部探秘）示意图

A 曼谷 ⇄ B 清迈

——乘火车——

曼谷华南蓬火车站有两个入口，一个是正门，一个是对着运河的西门。大厅的北边是售票窗口，东西两侧各有两层。每天都有数趟开往清迈的火车，分为快车（rapid）、特快（express）及加特快（special express），可以根据自己的需要购买对应车票，一般车次二等座票价为 500～700 泰铢，车程 10 小时左右。

——乘汽车——

曼谷 NCA（大巴）车站（Mochit）就在 BTS（轻轨）的 Mochit 站附近，如果是坐地铁的话可以换乘 BTS 到 Mochit 站下车，然后乘坐突突车或者出租车到 NCA 车站。NCA 长途汽车大约每半小时就有一趟前往清迈的汽车。曼谷汽车北站每天也有很多趟开往清迈的汽车。

游玩特色

曼谷是泰国的首都，大王宫、卧佛寺、玉佛寺、黎明寺等著名景点都坐落在曼谷，热闹的考山路值得在夜晚前去，另外还可去中国城感受带有中国风格的泰国风情。

清迈是一座休闲的城市，这朵"泰北玫瑰"拥有悠久的文化历史，清雅而独特。这里是邓丽君、张国荣等明星喜爱的地方，古城中寺庙重重叠叠，柴迪隆寺、帕辛寺、清曼寺、盼道寺等错落有致，塔佩门是清迈古城遗留下来的唯一遗迹。古城不远的素贴山风景旖旎，雄伟的因他暖山更是喜欢探索美景的旅行者向往的胜地。

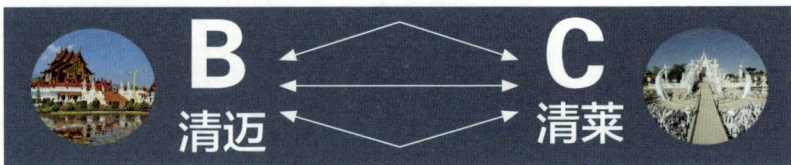

——乘汽车——

在清迈找旅行社报清莱或白庙的一日游团，乘坐旅行社大巴可以前往，人均 700～1000 泰铢。

或在清迈汽车站乘坐巴士前往清莱，票价约为 114 泰铢起，购买车票时除了要说清日期、等次、目的地以外，记得告诉售票员你要到白庙（White Temple）下车，让售票员在你的车票上做好标记，上车时向乘务员出示车票后，在汽车到达白庙时，乘务员就会叫你下车了，可以省去从清莱城内下车前往白庙的时间和精力。多数游客会购买往返车票，当天返回清迈住宿。

骑摩托车

可在清迈市内租赁摩托车,骑行至清莱,租车费用约每天20元人民币,从清迈到清莱骑行时间约为2小时。

 游玩特色

泰国著名的景点白庙就位于清莱,到清莱的游客们多数会选择一日游的行程,以参观白庙为主,也会加上骑大象或是丛林飞跃等项目。由于清莱的居住条件一般,多数游客都会当日返回清迈住宿。

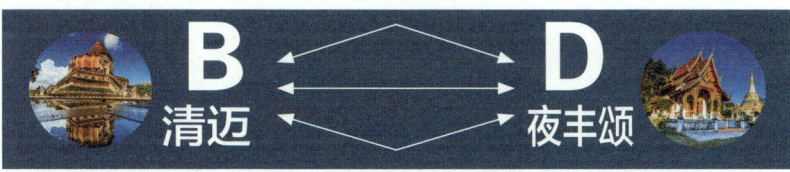

乘汽车

乘坐"清迈—拜县—夜丰颂—湄撒凉"环线上长途汽车可到,到夜丰颂(空调74泰铢/普通53泰铢,约4小时)的长途汽车每天有5趟。

 游玩特色

夜丰颂一年四季都被厚重的云雾包围,是一座名副其实的云中之城。城市中,洁白的佛塔林立,非常美丽。城外的深山密林中居住着山地少数民族,始终保持着自己独特的民族风俗和生活方式,吸引不少人前往。

 管家提示

这条线路兼顾自然风光与人文景观,一路走去,不仅可以投入到自然的怀抱中,还能看到巧夺天工的建筑。此外,在泰国、老挝和缅甸的边境,还有最地道的少数民族村落和风情,是感受泰国独特文化的经典线路之一。但是由于历史原因,这里的警察和军队会对车辆和游人进行严格询问,如果前往,需要做好心理准备。

线路2：清迈→拜县→大城→曼谷

过来人经验谈

旅行者－阿鬼·男·专业旅行者

拜县这个地方非常小清新，适合拍婚纱、度蜜月，整座城市都是很可爱的小木屋、咖啡吧，大环境超赞，消费也不贵。我们是吃过早饭从清迈骑摩托车去的拜县，一路上拍摄美景，吃小吃。骑着台湾小清新风格的机车，身后的老爷们儿要是个美女就更好了。路上看到了加拿大的一些背包客跟我们一样去拜县，就一起组成了长长的车队，一路超赞！

▲线路2（去泰国北部探秘）示意图

爱在驴途 · 男 · 自由职业者 · 大神级别

说说在大城的奇遇。我们在通往国家博物馆的一条幽静小路上，遇到了一只过街的巨蜥！说是巨蜥因为它至少有 1.5 米长，慢悠悠地拖着尾巴在过街！我当时以为是条鳄鱼，当场吓呆，但看到一辆当地人开的摩托车无比自然地在蜥蜴前停下，等蜥蜴慢悠悠地过了街才启动继续前行。后来回到旅店，老板娘告诉我这些蜥蜴不会伤人，而且看到蜥蜴是很幸运的事情。现在回想起来，泰国大城的生态真的很好，也真正做到了人与自然和谐相处。

夏天的末儿 · 女 · 只是爱旅行，没有环游世界的勇气

到达清迈这天天气晴好，心情也跟着好起来。与小城的第一次见面，安静而温暖。这里是邓丽君《小城故事》中的小城，她和哥哥张国荣都喜欢这里，多少让人有些期待，决定对这里一探究竟。清晨的小城，街上人不多，只有陆续开张的早餐店，喜欢这样的宁静。走到塔佩门，这座用红色砖块镶砌而成的围墙非常气派，由于经历风雨和岁月的沧桑，雄壮的清迈古城只留下那道大门，颇为可惜。一路沿着古城，走走停停拍拍，随处都能买到各种鲜榨的果汁沙冰，非常美味。这是一座休闲的城市，值得驻足慢慢游览。

丁丁&兔 · 女 · 气质单身女孩儿

拜县的邮局是一个出镜率很高的景点，几乎所有来这里的人都会到这个有很多爱心邮筒和以热情红色为重要装饰的邮局，拍照留念。

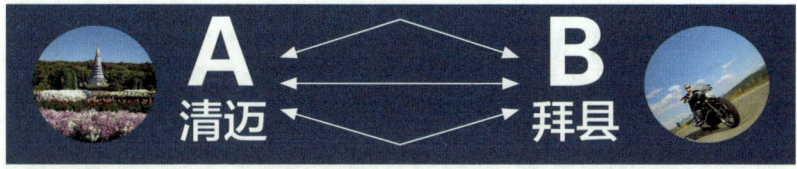

——乘汽车——

从古城打车到清迈长途汽车站，80 泰铢左右。清迈长途汽车站每天有十几趟前往拜县的汽车，票价约 150 泰铢，折合人民币约 32 元。长途汽车一般在拜县的中心城区 Aya 车站停车，那里也是拜县最大的摩托车租赁点。

管家提示

去拜县要注意的事项：

1. 拜县的景点都很分散，如果不骑摩托车很难走遍。沿途的风景很好，一些有特色的歇脚点也是拍照的好地方。

2. 关于晕车。去拜县的路没有传说中的那么恐怖，但由于是山路，拐弯很多，晕车的游客一定提前做好准备，不要吃太饱或者吃点晕车药。

游玩特色

拜县拥有非常自然的田园风光,最惬意的事莫过于租一辆摩托车,四处漫游,享受这世上最宝贵最舒心的快乐和自由。主要景点有南湖村、二战桥、大树秋千、大峡谷、温泉、大象营地,可以体验一下骑大象的乐趣和来次"马杀鸡"。

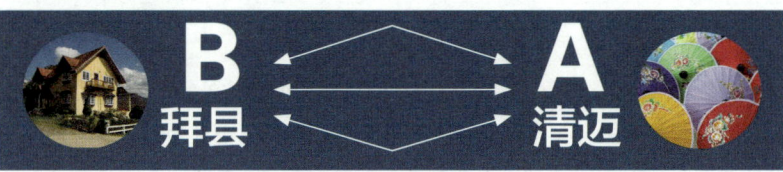

——乘汽车——

在拜县乘坐 Aya Service 的冷气 Mini Bus 可到清迈火车站,车程约 3 小时,单程 150 泰铢。

 游玩特色

清迈是兰纳王朝的古都,辉煌、古旧的寺庙和周围连绵起伏的群山,让人流连忘返。柴迪隆寺、帕辛寺等众多景点让清迈有着独特的魅力。在清迈尽情享受慢生活,在古城的街巷里随意转转,在寺庙里祈福,夜市的小吃也一定能够让你大饱口福。

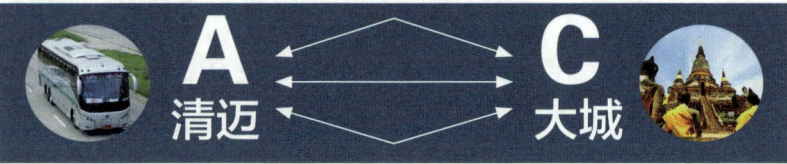

——乘火车——

有 Express 车和普通车,普通三等座 15 泰铢左右,Express 车 245 泰铢,每天都有十几趟火车,十分方便。

——乘汽车——

在清迈汽车站曼谷方向汽车售票窗口就能买到前往大城的车票。前往曼谷的汽车多数在大城停靠,但在购票时,还是应该问清楚,以免坐上前往曼谷的直达车。

游玩特色

大城是泰国历史悠久的古老故都,原王城遗址现为阿瑜陀耶历史公园,被列为联合国教科文组织世界遗产。古城中的玛哈泰寺,内有被榕树根环抱的佛头,是大城的标志性景观之一。在亚柴蒙考寺,还可以回味电影《人在囧途之泰囧》的经典。感受过大城的沧桑历史,转到大象园轻松一下,看看精彩的大象表演,骑一骑大象,如果不过瘾还可以照顾一头大象一整天。

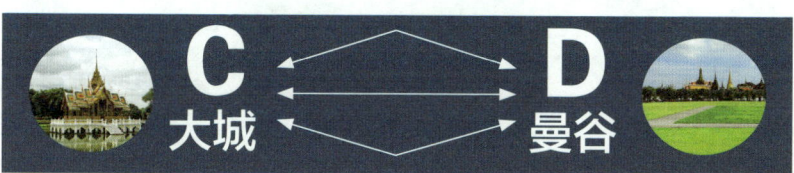

乘火车

在大城火车站,几乎所有往南走的火车都会到达曼谷,车次很多,但由于是经停站,所以有座位的车票不太好买,并且车厢一般没有太多地方可以放行李,要提前做好心理准备。从大城到曼谷的火车票价格约为200泰铢左右,车程约为3小时。

游玩特色

曼谷是泰国最为热闹的都市,在这里不仅可以参观辉煌的大王宫、著名的卧佛寺等景点,还有众多的小吃在等着你品尝,安帕瓦水上市场可以体验到不一样的购物乐趣。

线路3:曼谷→华富里→呵叻→披迈→帕侬蓝

过来人经验谈

轩陌锦年 · 女 · 时尚编辑 · 注重旅行质量

华富里城市很小,当地人生活安逸,对游客非常友好。这里还有"猴城"之称,猴子可以乱闯红灯、当街撒尿、拉电话线荡秋千……人们并不觉得它们麻烦,对待它们反而像对宠物一般。很多人都感慨,几百年历史的佛塔遗址都只能给猴子们做背景。小城政府每天要集中喂猴两次,新鲜瓜果和蔬菜随便吃,Phra Kan Shrine 就是华富里三处猴子的大食堂之一。猴子们吃饱了可以去假山上荡秋千、爬绳梯,生活质量那是"duang、duang"的。

▲ 线路3（去泰国北部探秘）示意图

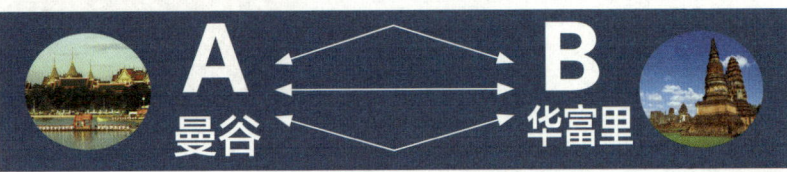

A 曼谷 ⇄ B 华富里

── 乘火车 ──
曼谷华南蓬火车站购票，三等座位28泰铢，约3.5小时。

游玩特色

华富里曾是高棉人的一个重要城镇，古城随处可见高棉人的遗迹。三峰塔是华富里府的标志，为高棉族所建的婆罗门艺术风格的三大佛塔。这里不只是古城，也有"猴城"之称。位于三峰塔附近的阇罗王庙，有许多猴子栖居，当地人拿食品、水果等来庙里祭祀，经常可看到祭品被猴群当美餐享用的情景。

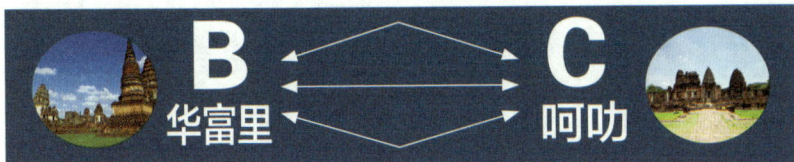

---乘汽车---

华富里汽车站乘汽车前往。

 游玩特色

呵叻是通往东北地区其他各府的关口，呵叻的高棉文化遗产丰富，以市中心备受尊崇的坤仁嫫雕像而著称。城市之柱备受泰国人和中国人崇拜，在国家博物馆内可以看到高棉时期的石像以及大城王朝时期的佛像、青铜像、陶器、古代器具和木雕。呵叻的传统手工艺品也极为出名。

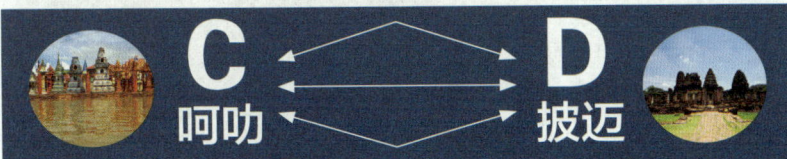

---乘汽车---

呵叻汽车站乘汽车前往。

 游玩特色

披迈是个名不见经传的小镇，镇中心有一个相当典型的高棉寺庙群，披迈石宫位于这个建筑群内，被喻为"泰国的吴哥窟"。石宫旁边设有披迈国家博物馆，展出史前人类的骸骨、瓷器、石器及文物古董。

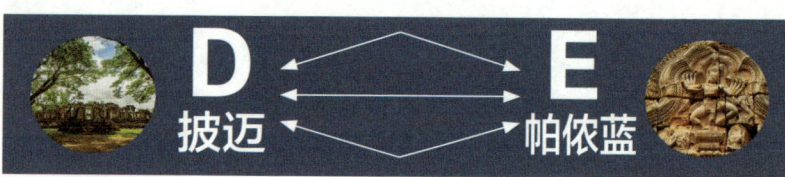

D 披迈 ⇄ E 帕侬蓝

乘汽车

包车前往。

 游玩特色

帕侬蓝的帕侬蓝寺是泰国最重要、最让人震撼的吴哥古迹。帕侬蓝周围还有一些较偏僻的小型寺庙,依稀能让人感受到古代王朝的气派。

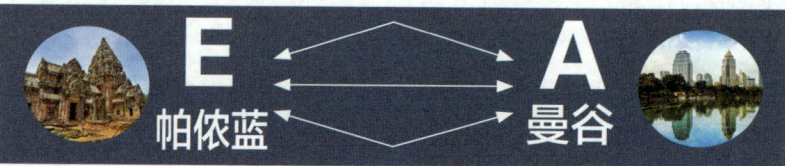

E 帕侬蓝 ⇄ A 曼谷

乘汽车

在帕侬蓝市场入口乘汽车前往。

 游玩特色

在曼谷待上几天,转一转大名鼎鼎的大王宫,到玉佛寺和卧佛寺前诚心地祈祷和跪拜,游逛唐人街在异国寻找家乡的感觉,到安帕瓦水上市场感受泰国最有趣的水上文化,让自己适应这个热带国度的高温和喧嚣。

管家提示

高棉人在全盛时期曾称霸泰国东北,这条线路以高棉文化为主,旅途中慢慢感受高棉建筑艺术的魅力及古代王朝气息吧。

沿南部岛屿前行

线路4：普吉岛→皇帝岛→皮皮岛→普吉岛

过来人经验谈

锦秋·男·某公司总经理·热爱摄影

　　皮皮岛在普吉岛东南方向，这里海水清澈，晴天的时候看着很美。普吉岛东部码头每天都有几班船前往皮皮岛，我们提前在网上预订的船票，酒店提供接送服务，往返船票813泰铢（折合人民币约143元/人）。去皮皮岛的当天，天气不是很好，阴沉沉的而且风很大，船颠簸得很厉害，第一次明白了有晕船这回事。到酒店后，天气还是不好，吃过饭到游泳池里游个泳，就躲进房间看电视睡觉了。第二天一早起床，发现天气变好，果断到海边看日出。海边有一对母子比较引人注目，母亲独自带小孩到海边踩踩浪花，晒晒太阳，十分温馨。

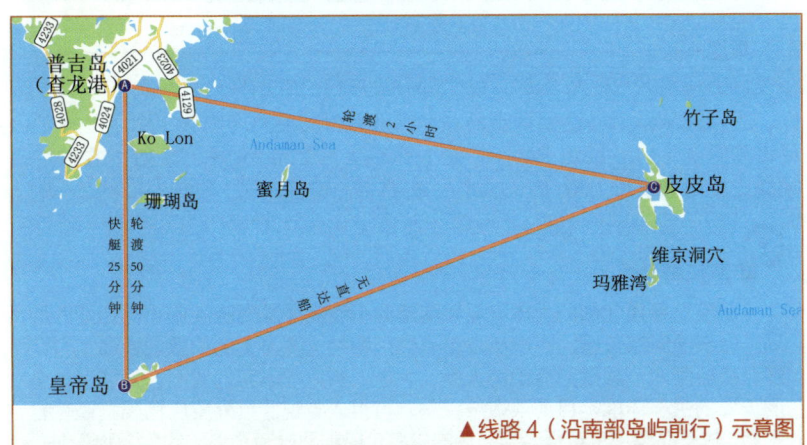

▲线路4（沿南部岛屿前行）示意图

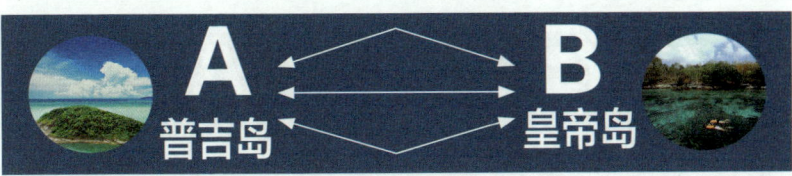

乘船

　　皇帝岛距离普吉岛约20千米，可从普吉岛的查龙港（从普吉镇或芭东海滩乘坐突突车可到，距离普吉镇较近）乘坐快艇前往，时间约为25分钟，乘坐普通渡轮需要50分钟才能到达。每天11:30、14:00、17:00均有快艇从普吉岛查龙港出发前往皇帝岛，到了皇帝岛后，预订酒店的工作人员会在港口等候,然后乘坐专车(电瓶车或拖拉机)前往酒店办理入住手续。如果不打算在皇帝岛住宿,每天9:00、12:00、16:00有从皇帝岛港口返回普吉岛查龙港的快艇。

 游玩特色

　　皇帝岛是近几年来新兴起的旅游海岛,它以精致绝美的景色、纯净无污染的海水与沙滩、相对独立的地理位置以及奢华的配套服务得到了游客的一致好评。近些年来也逐渐被中国游客所熟知,相对于普吉岛的商业化运作,皇帝岛更多了几分原始风貌,而这里的无边泳池更是受到了众多中国游客的青睐。

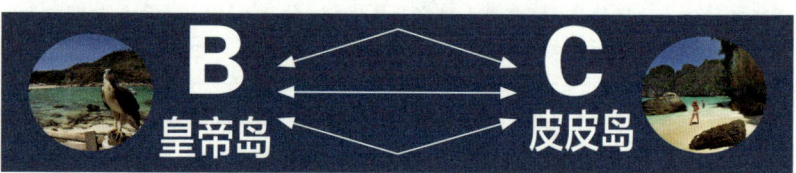

——乘船——

　　目前从皇帝岛到皮皮岛,除了部分酒店自己的船只外,没有直达船。所以,应当先从皇帝岛返回普吉岛后,再从普吉的诗里岛码头(Ko Sirey)、马堪湾码头(Makham Bay)、查龙湾码头(Chalong Bay)等地乘坐船只前往皮皮岛通赛湾(Ao Ton Sai),船费250泰铢左右,航行时间约2小时。

 游玩特色

　　皮皮岛是由北部的大皮皮岛和南部的小皮皮岛及周围4座小岛组成的群岛,为泰国国家公园。小皮皮岛曾是热门影片《海滩》的拍摄地,岛上有许多石灰岩洞穴,洞壁刻有史前人类、大象、船只等内容的壁画。为了保护小皮皮岛的生态环境,目前只有维京洞穴可供人参观。另外皮皮岛周围还有竹子岛、蚊子岛等小岛可以游玩,从皮皮岛包船前往这两个岛屿约需300泰铢。

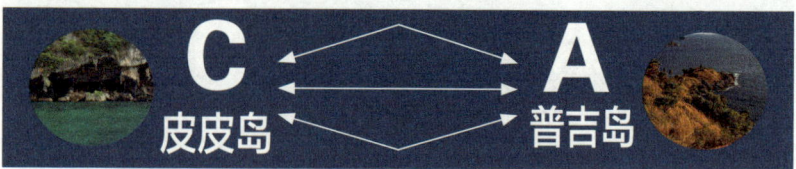

——乘船——

　　每天9:00、14:30有从皮皮岛码头返回普吉岛的渡轮,也可以在酒店租一种叫"Speed Boat"的交通船,5000泰铢左右即可往返皮皮岛和普吉岛之间,速度较快。

游玩特色

普吉岛以其迷人的风光和丰富的旅游资源著称,深受阳光眷宠,沙滩柔软洁白,海水宁静碧蓝。幻多奇乐园是岛上最受欢迎的旅游点之一,每晚都有歌舞、魔术、杂技以及大象表演等精彩的节目演出。攀牙湾位于普吉岛东北角,被誉为全岛风景最美丽的地方。

管家提示

与海洋动物的那点事:

1 被珊瑚、贝壳划伤
被珊瑚、贝壳划伤是常有的事,所以,远离珊瑚吧。穿上鞋、脚蹼或是潜水袜都能稍微保护一下你的脚。

2 被水母蜇伤
如果不幸被水母蜇伤,一定要在第一时间用海水清洗伤口,把伤口附近的水母触角用贝壳刮掉,然后前往医务室处理,不要盲目使用食醋,不是所有品种的水母都能用食醋处理伤口的,使用不当还会导致伤口恶化。

3 被海胆扎伤
海胆生活在深海区,一般不会碰到,可万一不幸踩到海胆,一定要妥善处理,因为部分人会有过敏现象。在被海胆扎伤后,采用的方法多是先摘掉刺,然后用啤酒瓶/脚蹼等敲打,让留在身体里的刺碎掉,被刺伤的地方会有黑点,并在接下来的一两周里有刺痒。随后应当前往医院接受进一步治疗。

4 不要喂鱼
喂鱼会改变鱼的生活习性,间接影响整个海域的生态系统。

5 不要去踩珊瑚
珊瑚很脆弱,1年才长几厘米,我们这代人去东南亚踩几脚,等我们的孩子长大时东南亚海域就成海南岛了。话说以前看杂志说,20年前,海南的珊瑚个个都比脸盆大!

6 不要随意触摸海洋生物
不要去摸海龟、捞海参、玩海星,海里的东西看看就好,不要去摸!摸了它们,它们会生病死掉,万一再摸到带毒的,唉,后果不堪设想啊。

线路5：普吉岛→攀牙湾→甲米岛→董里→普吉岛

> 过来人经验谈

夏天的末儿 · 女 · 只是爱旅行，没有环游世界的勇气

在泰国南部海岛旅行，浮潜是最不能错过的项目。我们浮潜时，浮潜教练发放浮潜用品的时候，会问大家都会不会游泳，回答不会的，他就建议他们不要下去浮潜。不过，很多人觉得不进行一次浮潜很遗憾，坚持下水，之后又呛水。教练一直说很多中国人都不听话，叫他们不要潜就是不听，后面总是出问题，真是尴尬啊。

丁丁&兔 · 女 · 气质单身女孩儿

很多人到普吉岛就是去看幻多奇的表演，可是幻多奇到底演的是什么呢？其实就是一个英雄救美的故事，不过场面很大，舞台效果很好，更重要的是有各种动物出演，大象、老虎、公鸡、绵羊，简直一个动物世界。个人看后不是很感兴趣。

▲线路5（沿南部岛屿前行）示意图

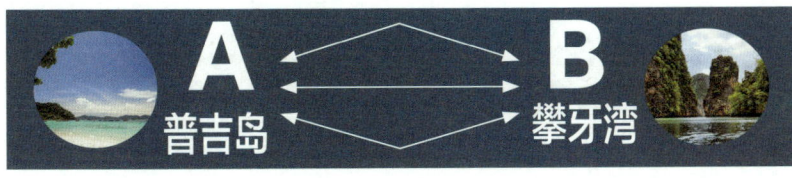

乘汽车

攀牙湾位于普吉岛东北角75千米处,去攀牙湾需坐车过跨海大桥到攀牙府。从普吉坐班车出发,2小时到,36泰铢,每天有5班车。普吉岛有众多旅行社代理攀牙湾一日或半日游,价格为700~1200泰铢,旅行社负责到酒店的接送交通。

游玩特色

攀牙湾是普吉周边最著名的景点之一,有泰国"小桂林"之称。这里有巧夺天工的钟乳石岩穴和数不清的怪石、海洞,还有著名的007岛与大片的红树林景观。

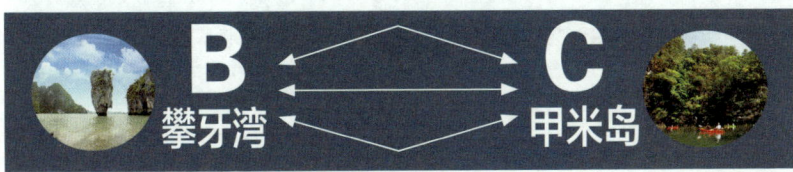

乘汽车

从攀牙湾到甲米岛,可以乘坐旅行社提供的旅游大巴车,也可以返回普吉岛自己乘坐汽车前往。位于普吉镇的普吉汽车站每天7:00~19:00有固定班车前往甲米岛,车程约4小时,空调车约120泰铢。

游玩特色

甲米岛位于泰国南部,是一个有如天堂的热带岛屿。这里有千万年前遗留至今的"贝冢",山间岩穴里有史前老祖宗留下的壁画。奥南海滩是这里最热闹也最有名的海滩,白色的沙滩延伸到著名的石灰石山脉的山脚,加上周边小巧精致的建筑,平添了几许欧式风情。

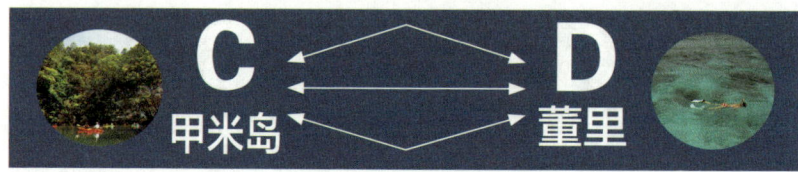

乘汽车

在甲米镇汽车站坐长途豪华空调大巴到董里汽车站，基本上每小时都会有一班车，票价 120 泰铢左右，车程约 2.5 小时。

游玩特色

董里拥有一流的海滩，沿海岸线点缀着许多小海湾和离岸岛屿，泰国人常把这里称为"泰国的马尔代夫"。帕明海滩具有白色粉沙，在这里你可以充分享受阳光和海水，进行游泳、浮潜、深潜、划艇等活动。在董里东边的考冲自然保护区，不仅有研究雨林动物的自然教育中心，还有容纳狸猫、松鼠及稀有动物的小型动物园。

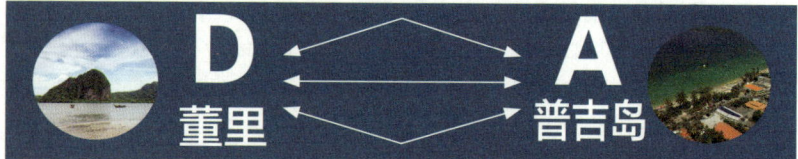

乘汽车

在董里汽车老站乘空调大巴到普吉汽车站，每小时发一趟车，车程约 5 小时。

游玩特色

普吉岛是泰国最大的海岛，被称为"安达曼海上的一颗明珠"。这里有以清净著称的卡马拉海滩，有私密性强的苏林海滩，有经常举行海上运动的珊瑚岛，还有夜生活丰富的芭东海滩等。如果人多可租一艘小游艇出海，享受海风吹拂的惬意。

管家提示

这是一条以南部岛屿与海滩风光游为主的线路,在参加各类海上活动的时候一定要注意安全,如果有在水下抽筋及耳朵进水的情况,一定要及时求助并处理,否则可能会产生危险。

浮潜注意事项:

1. 注意暗流和海底逆流

暗流和海底逆流是海洋的正常现象,在浮潜时会或多或少地感觉到它们的存在,当你游得较远,或者风浪较大时,就有可能遇到一股逆流,将你向外海的方向推,当你感觉到的时候,千万不要慌张,要大声向岸上人求助,用脚蹼使劲蹬水向岸边靠近。

2. 正确使用浮潜用品

呼吸管和面镜构造很简单,但时不时就会有同学反馈进水,一般是因为没有在淡水泳池里进行实验性调整,第一次直接用于大海造成的,部分原因是使用中的特殊动作,比如佩戴面镜的过程中笑了或者脸部做出了剧烈的动作导致面镜进水,或者是嘴累了,没有咬紧导致进水等,多数人在进水后会本能地抬头吐水或者摘下面镜将水倒出,问题不大。但是,千万不要惊慌失措,一旦慌乱会呛更多的水甚至发生危险。

3. 远离船/螺旋桨/水上屋的水下支柱

在水下,千万不要只顾着低头看鱼,也要随时抬头看看周围的环境,看看有没有船啊、螺旋桨什么的,被船的螺旋桨打到,是一件极其危险的事情,珍爱生命,远离螺旋桨吧。

4. 不要靠近海滩边的礁石

看到别人坐在礁石上拍下的漂亮照片,十分心动?但还是不要轻易去尝试,很有可能会被从身后来的海浪直接拍倒,万一摔到了礁石上,后果不堪设想。另外,礁石的岩面凹凸不平,很容易划伤身体。

5. 使用救生衣

在泰国下水,还是用救生衣好一点,毕竟游泳圈这种东西还是比较适合在室内使用,在泰国的海里一不小心就被扎破了,更何况,救生衣自身颜色的醒目也是很重要的功能,正确使用救生衣吧。

6. 防止物品丢失

眼镜被海浪拍走是分分钟的事情,还有手机、相机、帽子等也是很容易丢失的,甚至你穿在身上的比基尼也有被海浪"偷走"的风险。

线路6：曼谷 → 华欣 → 春蓬 → 苏梅岛

过来人经验谈

爱在驴途 · 男 · 自由职业者 · 大神级别

在华欣的日子很惬意，骑着摩托晃悠，我们看了著名的爱与希望之宫，那金色柚木铺就的宫殿总让人浮想联翩，穿越那长长的、通往海边的长廊，感觉时空也在变换。虽然不坐火车，我们还是特地去看了华欣火车站，在那里细细品味当地人的生活。华欣晚上的夜市更是热闹，不同肤色的游人说着各种语言，五花八门的商品琳琅满目，任何人、任何事物不经意间都会成为我相机中的风景。从日出到日落，慢慢穿梭于小城之中，时间仿佛也变得滞缓。

▲线路6（沿南部岛屿前行）示意图

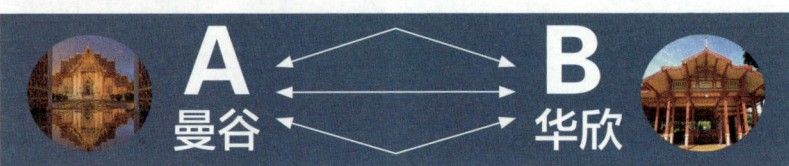

—— 乘火车 ——
曼谷华南蓬火车站购票，不带空调座位的普通列车，价格 120 泰铢。

—— 乘汽车 ——
在曼谷长途汽车北站乘坐 Mini bus 前往。

游玩特色

华欣是泰国西海岸著名的避暑胜地,有"泰国迈阿密"之称,令杏海滩尤为著名。位于海岸上的爱与希望之宫,总会带给人温馨和宁静的感觉。华欣火车站风格奢华,是泰国最美丽的火车站之一。在三百峰国家公园可以看到神秘的帕亚那空山洞,山洞旁金碧辉煌的四角宫殿让人叹为观止。

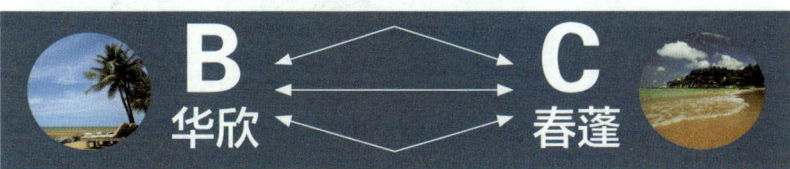

——乘火车——

华欣火车站购票,火车班次很多。

游玩特色

春蓬是一座海滨城市,有很长的海岸线,分布着许多景色如画的海滩。距离海岸约60千米的涛岛,常年水暖,很适合进行潜泳,深受潜泳爱好者们喜爱。

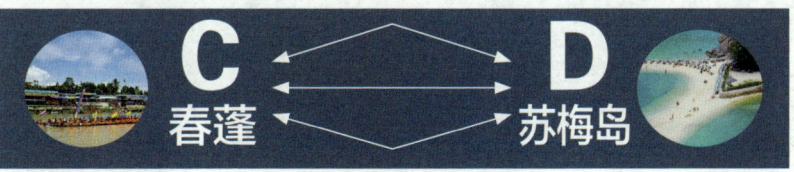

——乘船——

春蓬府每天都有渡船开往苏梅岛。

游玩特色

苏梅岛素有"贵族岛屿"之称,岛上大大小小的海滩有十几个,其中最受游人欢迎的是查汶海滩和拉迈海滩。岛上干净、狭长的白沙滩,是无数人梦想中的热带岛屿仙境。岛上还有许多美丽的瀑布,纳蒙瀑布是其中最有名的瀑布之一。

管家提示

沿这条线路游览,可以看到泰国最传统的海滨胜地,不仅能浏览皇室贵族们的度假胜地,还能玩转泰国丰富多彩的海上娱乐项目。不管是漫步于皇家建筑内感受皇族气息,还是深潜水底与鱼儿嬉戏,都能收获独特的旅游体验。但是在游玩的时候,一定要注意与各种动物的关系,尤其是在水中的时候;万一受伤,是很危险的。

Part 1
去泰国要做的 9 件事

NO.1 如何办理护照与签证

过来人经验谈

 爱在驴途·男·自由职业者·大神级别

我们的签证是委托某网站的一家旅游公司办理的,提供了白底照片两张、护照原件及签证申请表、行程及机票打印单等资料,照片用办护照时留下的即可。由于只委托办理签证,给办理人签证费和50元服务费就行。签证受理后,大概3个工作日出签,出签后那家公司给我发了短信。之后,就将签证邮寄给我们,整个过程相当顺利。

 丁丁＆兔·女·气质单身女孩儿

当时泰国的签证还是要提前办的(淘宝代理签证300元左右,包括往返顺丰快递费),现在似乎可以白本护照落地签了。签证费1000泰铢。

 夏天的末儿·女·只是爱旅行,没有环游世界的勇气

泰国签证?直接落地签就行了,几乎不用准备什么材料,带着护照和钱就足够了,当然往返机票也很重要。我们去的时候,落地签连签证费都不收的。

★ **熟知护照办理流程**

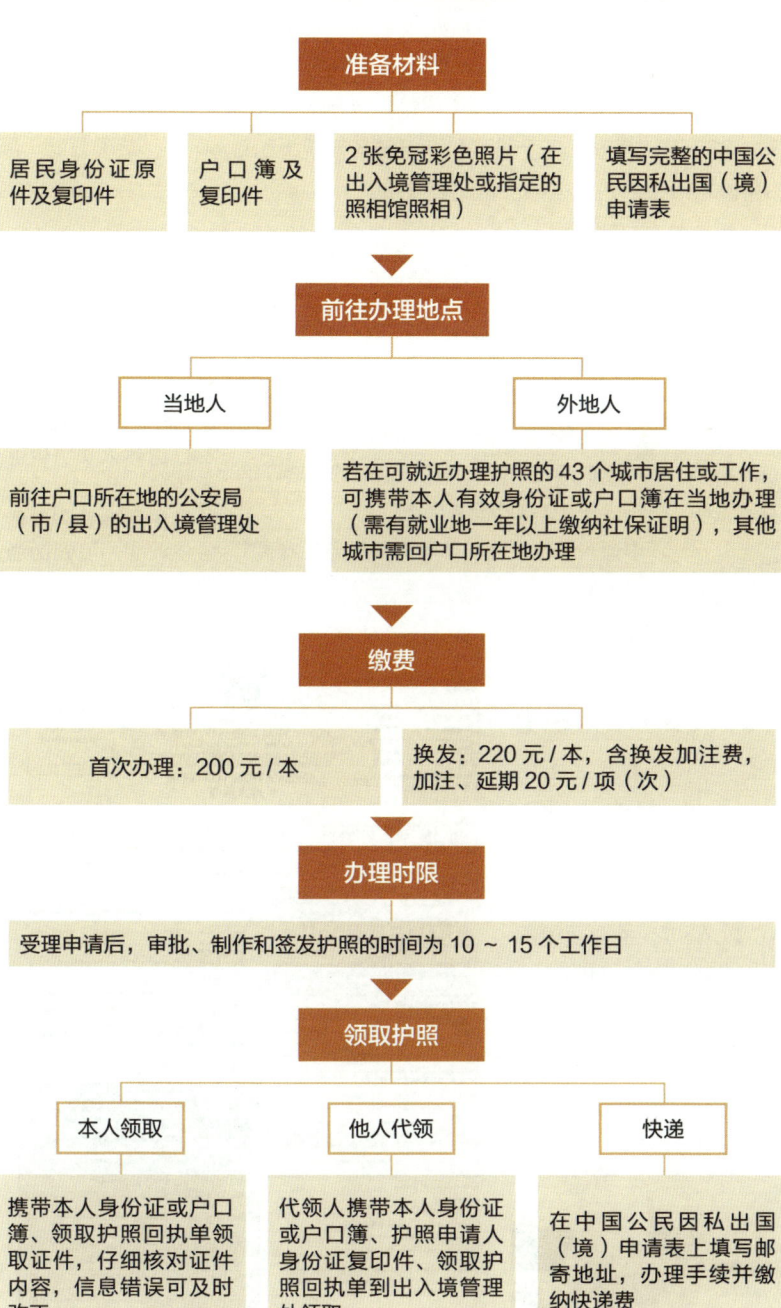

★ 自己怎样办签证

泰国签证分为过境签证、旅游签证、商务签证、非移民类签证、外交签证、官方签证、礼遇签证几种，前往泰国旅游，一般办理旅游签证。旅游签证申请表可登录泰国驻华大使馆网站（www.thaiembbeij.org）下载。费用为 230 元，有效期 3 个月，允许申请者停留不超过 60 天。泰国签证一般不用进行面签，自己去办理也比较简单。

1. 准备充分的材料

材料名称	信息	备注
护照原件	有效期 6 个月以上，护照至少有 2 页供使用的签证空白页	1. 若有儿童随行，需准备相关关系证明，如儿童户口簿、儿童出生证明或父母结婚证 2. 已退休人员提供退休证明 3. 自由职业者需准备居住证明，可到街道办事处申请
签证申请表	一张，按要求填写完整	
照片	2 张近半年护照尺寸的白底彩色照片	
往返机票	往返机票复印件或打印确认过的机票订单	
存款证明	不少于 10 000 元人民币	
担保信	申请人单位或有关部门出具的英文或泰文担保信	

2. 填写签证申请表

填写申请表要用英文大写，大部分内容可根据护照上的内容填写。其中，职业可填 EMPLOYEE，永久地址可不填，乘坐的交通工具如是飞机填 AIRPLANE，护照适用国可填 ALL THE COUNTRIES（也可简单写 ALL），本国担保人姓名及地址栏可填写任何一位亲戚的姓名和地址。

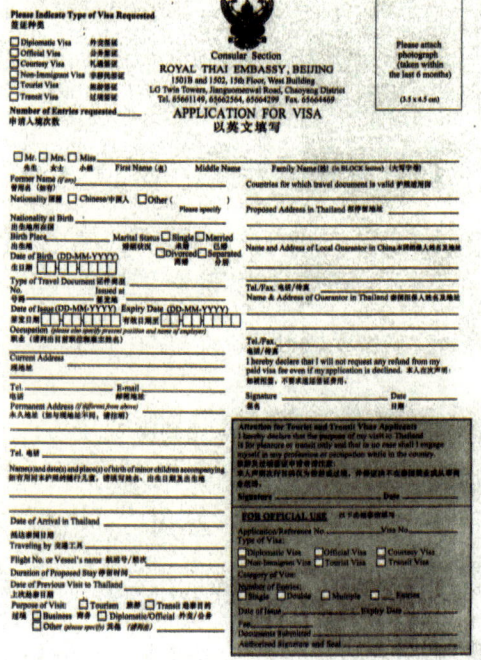

3. 根据泰国驻华使领馆所在地，选择适合的签证处办理签证

泰国驻华使领馆签证处信息			
名称	地址	领区	电话
泰国驻华大使馆	北京市朝阳区建国门外大街乙12号双子座大厦西座15层1501B	北京、天津、河北、湖北、河南、山东、山西、黑龙江、吉林、辽宁、内蒙古、青海、新疆、西藏	010-65661149
泰国驻上海总领事馆	上海市静安区威海路567号晶采世纪大厦15层	上海、浙江、江苏、安徽	021-62883030
泰国驻昆明总领事馆	云南省昆明市盘龙区东风东路52号昆明饭店南1楼	云南、贵州、湖南	0871-63168916
泰国驻成都总领事馆	四川省成都市武侯区航空路6号丰德国际广场3号楼12层	四川、重庆	028-66897861
泰国驻西安总领事馆	陕西省西安市曲江新区雁南三路钻石半岛11号	陕西、甘肃、宁夏	029-89312831
泰国驻厦门总领事馆	福建省厦门市思明区虎园路16号厦门宾馆3层	福建、江西	0592-2027980 0592-2027982
泰国驻南宁总领事馆	广西壮族自治区南宁市青秀区金湖路52-1号东方曼哈顿大厦1~2层	广西	0771-5526945
泰国驻香港总领事馆	香港中环红棉路8号东昌大厦8楼	香港、澳门	852-25216481-5

4. 前往使领馆递交申请材料，缴纳费用，交上收据，会收到一张写有取护照时间的纸条

5. 签证成功，领取签证，核对信息；如果拒签，费用不退，需要重新申请

★ 找机构代办省时省心

第一次办理泰国签证，如果不熟悉流程，可找旅行社、签证代办处等合法机构办理。可亲自上门店咨询，最简单的方法是登录旅行社、代办机构的官网或在淘宝上搜索"泰国签证"，相关信息就会出现。收费一般采取"签证费＋服务费"的方式，有些机构还提供与保险搭配的套餐。泰国签证一般不需要面试，交给机构代办基本都能办下来。

泰国签证代办机构推荐	
名称	网址
百程旅行网	www.baicheng.com
携程网	www.ctrip.com
同程旅游网	www.ly.com
中青旅遨游网	www.aoyou.com
中国国际旅行社	www.cits.cn
淘宝网	www.taobao.com

网上机构代办的一般流程

1. 登录相关网站，搜索"泰国签证"。

2. 按所在区域选择信誉高的代办机构，点击进入其页面。

3. 咨询客服，选择适合的签证套餐。

4. 按代办机构要求，准备资料，寄送至代办机构。

5. 代办机构收到资料，审核资料。

审核通过：会短信告知。

未通过：电话联系并要求补充材料。

6. 代办机构将资料送往使领馆审核。

正常情况：送入使馆后5个工作日出签。

加急情况：送入使馆后3个工作日出签。

送签后会短信告知。

7. 出签快递。

正常情况：签证回到公司，一个工作日内快递发出并告知快递单号。

加急情况：出签后短信告知，签证到后当天快递发出并告知快递单号。

自取情况：出签后，电话和短信通知上门自取护照。

8. 收到签证，核实信息。

收到办理好的签证后，检查签证信息是否有误（护照号、姓名、签证有效期、出生年月及使馆圆章和签名章），若有问题，尽早与客服联系。

管家提示

泰国使领馆对照片的要求较为严格，如护照签发日期至今已超过半年，就不能提供与护照首页相同的照片，需准备其他近照。存款证明一般在银行打一个流水账单或者定期存款明细，或直接去银行办理一万元存三个月定期的存单，不用特地让银行开专用的、收费的存款证明。

NO.2 去泰国怎样订机票

PART 1 去泰国要做的9件事

 过来人经验谈

 爱在驴途·男·自由职业者·大神级别

去年4月底去了泰国,大概在3月订的机票。当时选了亚航,订票的时候为了等同伴,没赶上促销的低价机票,结果买了往返2200元含税的机票。买完机票后才发现,我们出发的城市并没有亚航,还要长途跋涉到南宁,比较折腾人。所以大家以后要是没赶上亚航大促,经济方面还比较宽裕的话,一定要看清楚了再选择。

 丁丁&兔·女·气质单身女孩儿

除去可遇不可求的大促秒杀,亚航官网可以查到一个月内固定航线的机票价格变化折线,可以据此选较低价格的往返日期。但是据我观察,这个折线会不断根据旅客订购量发生变化。比如我是提前2个月订票,而我在距离出发还有15天的时候发现,如果我早走2天,提前回来2天,机票居然比我预订的价格低500元。所以,我个人感觉没有大促的话,平时多刷刷网页。

★ **常用的机票预订网**

预订机票,除了可以到各航空公司的官网购买,还可以到一些常用的旅游网站、机票代理网站查询和购买。如果旅游计划已规划好,可提前到这些网站查看机票,有机会买到折扣不错的机票。

常用的机票预订网推荐	
名称	网址
携程网	flights.ctrip.com
去哪儿	www.qunar.com
艺龙网	flight.elong.com
一起飞	jps.yiqifei.com
天巡网	www.tianxun.cn

★ 提供直飞泰国航班的航空公司

中国提供直飞泰国航班的航空公司有中国国际航空（CA）、东方航空（MU）、中国南方航空、泰国航空、曼谷航空、亚洲航空等，从北京、上海、广州等地出发，可选择直飞曼谷、普吉、清迈的航班。

提供直飞泰国航班的航空公司推荐	
名称	网址
中国南方航空	www.csair.com
中国国际航空	www.airchina.com.cn
中国东方航空	www.ceair.com
海南航空	www.hnair.com
厦门航空	www.xiamenair.com
春秋航空	www.ch.com
山东航空	www.shandongair.com.cn
吉祥航空	www.juneyaoair.com
港龙航空	www.dragonair.com
亚洲航空	www.airasia.com
老虎航空	www.tigerair.com
泰国国际航空	www.thaiairways.com.cn
菲律宾航空	www.philippineairlines.com

中国直飞泰国城市的选择

目的地	航空公司	出发城市
曼谷	中国南方航空	南宁、揭阳、昆明、上海浦东、福州、南昌、杭州、成都、西宁
	中国国际航空	北京、上海、深圳
	亚洲航空	深圳、广州、长沙、重庆、武汉
	中国东方航空	昆明、南昌、杭州、西宁
	厦门航空	福州、厦门、郑州、青岛
	春秋航空	上海浦东
	海南航空	北京
	泰国国际航空	成都
	菲律宾航空	厦门、北京
	港龙航空	郑州
	山东航空	青岛
普吉	中国南方航空	武汉、昆明、贵阳、长沙、杭州、广州、郑州、南京、太原
	中国国际航空	北京、上海
	老虎航空	广州、深圳、西安咸阳
	亚洲航空	武汉、上海浦东、成都、北京
	中国东方航空	昆明、成都、杭州
清迈	中国南方航空	杭州、广州、成都、重庆
	中国国际航空	北京、武汉
	吉祥航空	上海浦东
	亚洲航空	北京、杭州、广州、上海浦东
	中国东方航空	昆明、上海虹桥

★ 购买廉价机票小策略

购买廉价机票需提前预订，可多比较不同航空公司和廉价机票订购网站。如果时间允许，可以考虑转机，转机比直飞便宜。前往泰国，机票价格在旅游淡季和旺季会有所浮动，11月至次年2月、4月（泼水节期间）的机票最贵，5～10月的机票比较便宜。

廉价航空公司推荐		
名称	网址	特色
Orient-Thai（泰国东方航空）	www.orient-thai.com	经营定期泰国国内或国际航线的航空公司，也经营包机业务，广州、深圳、重庆有不定期的航班或包机前往泰国
老虎航空	www.tigerair.com	提供东南亚及澳洲廉价机票
捷星航空亚洲分公司	www.jetstarasia.com	全球知名廉价航空公司
亚洲航空	www.airasia.com	亚洲最大的廉价航空公司，提供东南亚廉价机票
微笑泰航	www.thaismileair.com	由泰国国际航空公司经营的廉价航空公司，长沙、重庆有其航班前往泰国
酷航	www.flyscoot.com	专营中长途航线，机票会比普通航空公司便宜，沈阳、南京、青岛、天津有其航班可前往泰国曼谷、普吉、甲米、合艾等地

★ 机票预订不可忽略的事

1 直飞不一定好
不建议选择直飞，直飞时间较长，可选择中转航班。英文不好的人建议选择港龙或香港航空，从香港转机，无语言障碍。

2 提前购买行李票有折扣
如果在出发前确认行李会超额，可以通过上网提前预订行李额度的方式，获取航空公司给予的特别折扣。此外，亚洲航空等廉价航空公司行李托运一般都需要额外付费，买机票时提前在网上购买行李托运额度，比在柜台办理可节省高达20%的托运费。

3 机票是否购买成功
在网上购买泰国机票可能会出现以下两种情况：发送电子机票的邮件滞后，由于网络繁忙，可能一时收不到机票邮件；延迟扣款的现象，有时候甚至机票买了1个月之后才从信用卡扣钱。所以，衡量机票是否购买成功的唯一标志：机票状态为 Confirmed（已确认）。

4 亚洲航空大促销时间
如果想要特别便宜的特价票，可以

上亚洲航空官网购买。亚洲航空一年四次新航季大促销，通常在2月（有时候到3月）、5月、8月和11月，售卖半年以后至一年内的机票。每个时间段的0元票，通常只会促销两次，比如5月和8月，都可能卖第二年4~5月的0元票。

★ 图解泰国机票预订流程

泰国多数航空公司都有中文官方网站，订票并不难。可选择到专业机票预订网或航空公司官网购买机票，下面以人们常用的中国国际航空公司官网为例，详解预订流程。

❶ 先在网上搜索其官方网站（www.airchina.com.cn），并登录，然后在左侧"机票查询预订"处选择"出发城市""到达城市"及"出行日期"

❷ 进入航班选择页，可查看航班信息（上面所显示的到达时间均为北京时间，建议换成泰国时间再选航班），完成航班的选择

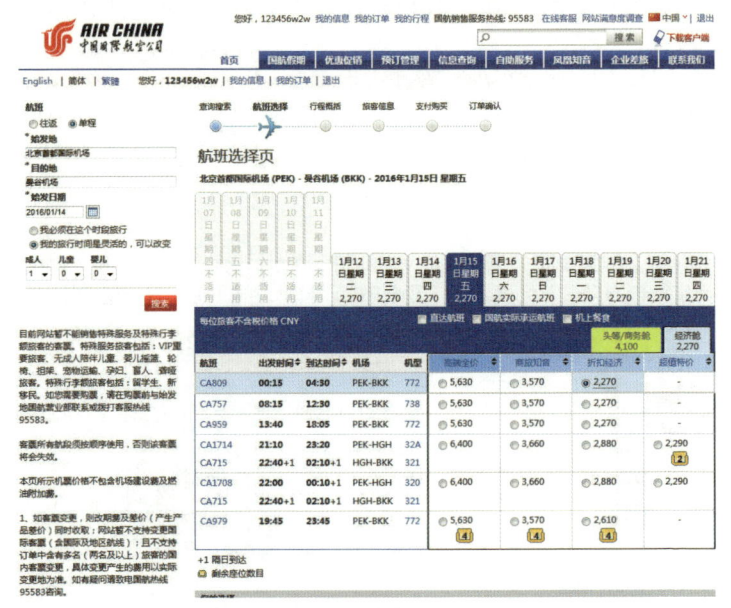

❸ 出现"回顾审核您的行程和票价信息"，选完后输入验证码继续下一步

❹ 按要求填写相关信息，进入支付，完成支付订单，确认订单

管家提示

买票时，直达航班是"Direct Flight/Nonstop Flight"，中转航班是"Connecting Flight /One-stop Flight"，夜间航班是"Red-eye Flight"；有的便宜的机票是不能更改（Non-changeable）和退换（Non-refundable）的。

NO.3 怎样解决在泰国的住宿

PART 1 去泰国要做的9件事

过来人经验谈

 爱在驴途·男·自由职业者·大神级别

　　这次去泰国我们住了3家酒店，第一家在曼谷素万那普国际机场附近，第二家是甲米岛的海边民宿，第三家是曼谷酒店区的四星级酒店。第一晚住曼谷没有太多的感觉，到酒店已经是晚上十点多，第二天一大早还要赶前往甲米的飞机，只感觉房间很大、很干净。甲米岛的海边民宿刚开始只订了一晚，后来比较满意，决定不换，一直在这儿住。这家民宿建在海边，晚上可以听着涛声入睡，早上还能在沙滩上边看日出边享受早餐，大家都说吃出了五星级的感觉；在这里住的最后一晚，非常幸运地遇到了一场浪漫温馨的婚礼。从甲米离开后回到曼谷，住的是 Courtyard by Marriott，在网上预订一晚才500多元人民币，非常值。乘电梯得刷门卡，双标的房间有两张床，一张床有国内的大床那么大。电视有CCTV的频道，可以看到国内的节目。此外，可能和大多数酒店一样，在明显的地方还放有一个"No Durian"的标志，喜欢吃榴梿的人要注意啦，禁止哦！在泰国这几天，对住宿相当满意。

 夏天的末儿·女·只是爱旅行，没有环游世界的勇气

　　去拜县，一定要住农家小院，而且一定要预订哦，标间都是200元人民币左右，有独立卫生间和热水，超值。

★ 泰国常见的住宿类型

　　泰国遍布着从五星级酒店到简易帐篷和小屋等住处，其中曼谷和主要的旅游城市拥有一些世界顶级的酒店，而偏远地区则以较低档次的住房为主。泰国的高级饭店的房价一般在 2500 泰铢以上，而招待所约花 400 泰铢就可以住上带卫生间和洗澡间的双人房。泼水节期间住宿价格较贵，至少要提前 2 个月才有机会预订到房间，很多旅馆、酒店在旅游淡季时会打 2～5 折。

泰国住宿类型概况		
类型	信息	图示
酒店	分为五级，一般在经济的酒店住一晚是 1000 泰铢以下，中档的酒店在 3000 泰铢以内，高档的酒店在 3000 泰铢以上	
旅馆	包括小木屋、背包客旅馆、简易旅馆等，设备较简单，住一晚一般是 100 泰铢以上	
民宿	由一个家庭空出几间房屋作为客房出租经营，可感受泰国普通人的起居生活	
青年旅舍	入住时出示青年旅舍会员卡就能享受优惠，费用与旅馆差不多。曼谷、清迈还有国际基督教青年会（YMCA）和国际基督教女青年会（YWCA），费用 500～1200 泰铢	
泰国特色住宿	泰国观光局选出的休闲度假饭店、精致旅馆等独具魅力的住宿地，网址：cn.tourismthailand.org/where-to-stay	
露营	国家公园中一般提供露营地和平房，露营地一晚收费 60～100 泰铢；平房比较大，一般 800 泰铢起；通过中央预订系统（www.dnp.go.th）预订	

★ "驴友"最常用的预订网站

　　"驴友"常用的泰国住宿预订网有 Booking、Agoda、Airbnb、国际青年旅舍联盟官网等，这些网站可以满足不同人的需求，预订到泰国各种酒店类型。

"驴友"常用的酒店预订网推荐		
名称	网址	特色
Booking	www.booking.com	有中文网站,使用方便,但可选择的住宿地相对较少
Agoda	www.agoda.com	提供全球低价的酒店折扣价格,预订酒店需要提前付款,价格多不含税和服务费
Sawadee	www.sawadee.com	泰国本土酒店预订网,常有不少优惠活动
Hotel Thailand	www.hotelthailand.com	中文网站,预订、查询方便,有旅行社提供的相关服务
phuket	www.phuket.com	对普吉岛有全面介绍,酒店价格低,而且都有图片、地图介绍
泰国民宿青年旅舍	www.tyha.org	以民宿和青年旅舍为主,价格实惠
泰国旅馆协会	www.thaihotels.org	搜索泰国境内各地酒店
亚洲订房网	www.bookasia.cn	以东南亚为酒店目的地的国际性旅游电子商务网站
长期出租公寓	www.thailongstay.co.th	可预订泰国各种特色公寓
国际青年旅舍联盟	www.hihostels.com	可以查询及预订国际青年旅舍
Hostel Traveler	www.hosteltraveler.com	可预订青年旅舍和廉价旅馆,常有数量有限的星级(豪华)酒店、连锁酒店的优惠活动
Hostel World	www.hostelworld.com	有中文和英文页面,可预订青年旅舍、便宜旅馆等,Guest House 房源较多
空中食宿(Arbnb)	zh.airbnb.com	可预订各地民宿、家庭旅馆的服务型网站

★ 酒店预订不可忽略的事

1. 泰国绝大部分酒店都要加收 7% ~ 10% 的政府税和 10% 的服务税。在标有实价字样的饭店,收费时已将税金和服务费包括在内。

2. 泰国酒店不论床的大小,房间内有 1 张床的叫单人房,有 2 张床的叫双人房。但有单人房间的饭店几乎没有,说是单人房,大部分都是双人床,一个人入住也得花两位的钱。

3. 酒店房间内没有热开水供应,如果有饮茶的习惯,可在用早餐的餐厅装开水。有的客房备有烧水设备,也可自己烧水,先盛水,后接电,一定要注意安全。

4.因为气候原因,酒店客房内的温度一般都预设得较低,让从户外回来的住客感受凉爽。睡前注意将室温调至适当的温度范围,以免受凉。

★ 图解泰国酒店预订流程

1 以在泰国旅馆协会(www.thaihotels.org)订房为例,登录其官网。可按目的地和酒店名称搜索酒店

2 出现搜索到的酒店,选择看中的酒店,以第一个酒店为例,点"BOOK NOW"

③ 页面右上角，可选择语言为中文，在页面左栏可查看客房种类，以选择 Superior Room（高级客房）为例，点"选择"

④ 出现所选客房信息，若不满意可再选择其他房间，选好房间后，点"预订"

❺ 按要求填写信息，带*号为必填项，填好后点"完成预订"

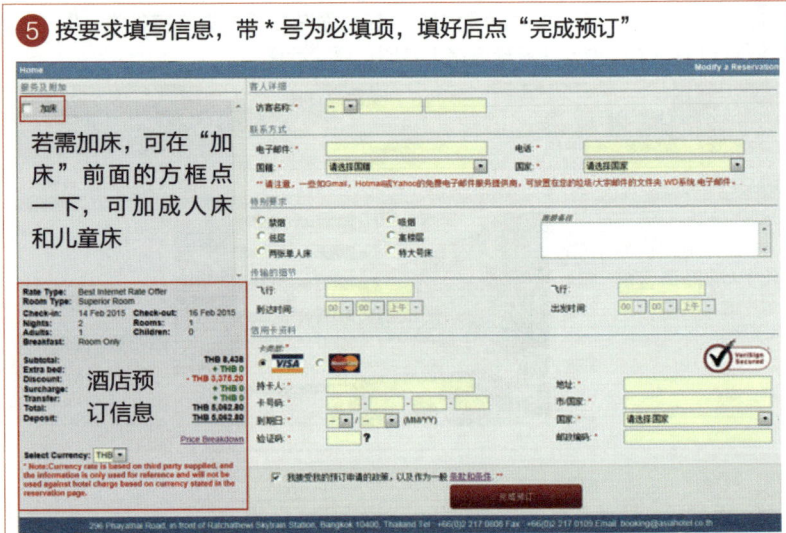

管家提示

每年除 12 月至次年 3 月、7 月下旬至 8 月外，是泰国饭店淡季。淡季一般可享受折扣 20%~30%。持有 JCB 或美国运通卡者，向信用卡事务所联系进行预订，有协作关系的饭店可以降价 20% ~ 30%。

NO.4 如何在泰国刷卡

过来人经验谈

 爱在驴途·男·自由职业者·大神级别

我们在 Naraya 买了两大筐的东西，最后用信用卡付的钱，刷卡基本和国内一样，一共消费了 3600 多泰铢，比起国内的物价，确实已经很便宜了。

 夏天的末儿·女·只是爱旅行，没有环游世界的勇气

在泰国只去了几个比较著名的旅游城市，发现真的是十分方便呢，几乎所有的 ATM 都能使用银联卡，不过除了大型的购物中心，能刷卡买东西的地方不多。

★ 哪些信用卡在泰国能用

在泰国，VISA、MasterCard、DinersClub（大莱卡）、JCB、美国运通卡、中国银联（UnionPay）等国际信用卡都可以使用。VISA、MasterCard 在中国银行、中国工商银行、招商银行、中国农业银行、中国建设银行、交通银行等都可以办理。

★ 如何在泰国使用银行卡

信用卡

信用卡适合刷卡消费，在泰国刷卡消费一般都不要手续费，只有取现需要收取手续费。泰国的大型商场、购物中心、酒店、大超市都支持刷卡消费，所以刷信用卡是比较方便的。如果信用卡上既有银联的标志，也有 VISA、

MasterCard的标志时，可提前和收银员声明用银联，可以直接以人民币结算，若以美元结算，中间会产生汇率损失和一定的汇率转换费用。

借记卡

泰国带有银联标记的ATM上都可以用国内的银联卡取现，其中华夏银行的借记卡在泰国取款没有手续费。泰国国内大部分ATM都支持银联卡提取泰铢，各主要机场、火车站、长途汽车站、7-11便利店、大型购物商场、旅游景点等地一般都有ATM，提供24小时取款业务。

泰国银行标志（可供中国银联卡取现）			
中文名称	英文名称	中文名称	英文名称
泰华农民银行	Kasikorn Bank	曼谷银行	Bangkok Bank
泰国军人银行	TMB	泰国泰纳昌银行	Thanachart Bank
大华银行	UOB	泰京银行	Krung Thai Bank
暹罗商业银行	Siam Commercial Bank	泰国国家储蓄银行	Government Saving Bank

ATM 取款操作流程

1. 查看 ATM 上的银行标志

使用ATM取现前，先查看屏幕上的银行卡标志，有符合要求的卡即可取款。

2. 插入银行卡，选择语言

从插卡槽将卡插进去，屏幕上出现语言选择单，大部分会有中文，没有中文可选英文（English）。

3. 输入密码

泰国的取款机密码盘上有盖，输入密码（Code），按输入（Enter）。

4. 取款选择

屏幕上出现多个选项，取款选择提取（Receive），按输入（Enter）。

5. 输入金额

输入取款金额之后，按输入（Enter）。

6. 提取现金

从出钞口取出现金，把卡退出来。

★ 附赠境外保险的信用卡

在中国，开通信用卡可享受一些免费保险产品，主要有开卡送保险、积分兑保险、刷卡送保险等形式，目前多数银行的信用卡都附赠航空意外险，额度从 50 万元到 3000 万元不等。但信用卡附赠保险的理赔往往与刷卡消费紧密挂钩，如一些信用卡对于航空意外、旅行便利等保险的理赔前提，必须是用该信用卡为本人全额购买机票或支付 80% 旅游团费。

tips

出险时，持卡人必须在规定时间内及时通过特定的热线电话向保险公司报备，并提供相关证明，如机票及登机牌复印件、损失清单和原始费用单据及身份证明等。除了航空意外险，其他手续复杂，理赔金额一般也不会高。

管家提示

去泰国玩，最划算的方式就是用银联卡在泰国消费，回国内还款汇率最合适，直接按挂牌汇率换算。如果要现金，可用华夏银行卡在泰国取现，华夏银行卡每天第一笔国外取钱没有手续费，相较其他银行卡取现较为划算。另外，部分 ATM 的所属银行是否收取跨行取款手续费，以各银行规定为准。

NO.5 兑换泰铢那点事

 过来人经验谈

旅行者-阿鬼·男·专业旅行者

在泰国，物价非常便宜，在北部的很多城市，清莱、清迈、大城等，咖啡2~4元，肉炒饭3元，"马杀鸡"按摩一小时30元，住宿标间60元到80元，出租车5元，突突车4元，摩托车一天20到25元。南部城市相对贵一点，不过最高的消费也就跟中国国内差不多。

赵先森·男·某公司职员·自拍狂人

在泰国用现金的机会比较多，出发前我们在中国银行兑换了20 000泰铢，还带了一些人民币，信用卡肯定不能少。换钱的时候，换了不少20、40、100泰铢，1000泰铢兑得最少，兑换小额泰铢主要是考虑到要给小费，在一些夜市、当地市场购物也用得到，事实证明还是比较明智的。

夏天的末儿·女·只是爱旅行，没有环游世界的勇气

大家出来就不要在小费问题上吝啬了，比如我不满意可以不可以不给呢？20泰铢合人民币才5元钱左右，所以既然享受了服务可以给点小费的啊。现在越来越多的中国游客去泰国旅游，享受了他们的自然景色，我们也要留下点什么，是吧？

丁丁&兔·女·气质单身女孩儿

我的泰铢基本都是在清迈换的。清迈机场和清迈市区的 *exchange agency*

基本的汇率都是一样的，如果比较在意可以去那种没有"xxx Bank"标志的"黑"店换。"黑"店不仅汇率更好，而且可以找钱（比如拿100美元换70美元泰铢，然后可找你30美元）。建议在国内先换好美元再去泰国换泰铢，人民币汇率比较差。

★ 支持泰铢兑换的机构

中国

中国银行、中国建设银行可以兑换泰铢，需提前1~2天预约。预约时需要提供姓名、联系电话、想要兑换的泰铢数额等信息，预约成功后会有一个预约号，兑换时需要带的证件也会被告知。汇率可以先向银行咨询，可先兑换1000~3000元人民币等值的泰铢。

泰国

泰国的机场、火车站、大型商场、兑替店（Money Exchange）、SUPER RICH、泰国的各大银行、中国银行曼谷分行、中国工商银行曼谷分行等地都可以使用人民币或美元兑换泰铢。还可以直接使用国内的借记卡、信用卡在泰国各大银行的ATM上提取泰铢。在急用时，可和当地的导游兑换，不过汇率不是很理想。

tips

1. 在中国，去银行兑换时，如果是代理人去，必须是直系亲属，还要提供证明。兑换时要带身份证、护照（要有泰国签证），建议早上去，有些银行中午不办理，下午办理时间也比较短。

2. 在泰国机场和车站兑换泰铢，汇率不是很划算，但比较方便，大多24小时可以兑换。Super Rich、中国银行曼谷分行的汇率比较好。

3. 泰国银行营业时间一般为周一至周五9:00~15:30。有些银行分行在周末也营业。在曼谷及其他旅游景点开设的货币兑换亭，周末及晚上都营业。银行管辖的外币兑换处营业时间为8:30~20:00。

★ 坚决不要大额泰铢

在国内兑换泰铢时，可以少换一点1000泰铢的纸币，因为大面值的纸币在泰国的很多店是找不开的。乘坐突突车、双条车等交通工具时，大额泰铢很难找零，建议多换20泰铢、50泰铢、100泰铢面值的纸币。

★ 带多少泰铢合适

泰国的消费以现金为主,前往泰国旅游,一般准备3000元人民币兑换泰铢即可。在泰国一些商场、酒店、高级餐厅可以刷卡消费,但在一些小吃店吃饭、逛夜市购物、乘坐突突车等还是要用现金结算。可以在国内兑换一部分泰铢的现金,然后将剩下的钱以信用卡或借记卡的形式带到泰国。

在泰国,一顿路边简餐或小吃为15~50泰铢,小旅店单间一晚需120~250泰铢,租摩托车一天约需300泰铢,曼谷交通BTS每天平均25泰铢,在比较节省的情况下,平均一天生活花费可以控制在500泰铢左右。

此外,泰国也是一个要给小费的国家。除了大部分酒店和餐厅会在账单中增加10%的服务费外,还有一些地方可能需要支付小费,这些地方不算是必需的,更多的是一种礼仪和表示感谢的方式。

★ 说说小费那点事

泰国很多服务可能需要支付小费,小费不与消费金额成比例,仅仅表示感谢和尊重。给小费,要提前准备好纸币的小额泰铢,硬币是给乞丐的。一般来说,打扫房间、搬运行李、SPA、MASA、吃饭等,只要别人为你服务,都需要给予小费,20泰铢即可;在丛林骑大象,一般每次给驯兽师约50泰铢,当然如果服务满意,多一些也是应该的。

泰国付小费标准参考	
类型	小费金额参考
泰式按摩	可视按摩师的服务品质或专业水准而给,50~100泰铢
丛林骑大象	每次给驯象师约50泰铢
与"人妖"拍照	每人每次20~100泰铢
行李小费	一间房一次给行李员20泰铢
床头小费	一间房每天给20泰铢
餐厅工作人员	小费和账单一起计算,一般按总消费额度的10%折算

管家提示

中国公民出入境每人每次携带的人民币限额为2万元或是等值的外币。泰国有些ATM每天取款限额是2万泰铢,有的银行每笔也有最高提款限制。在ATM取款,大部分都有中文界面,位于中国城内的少数ATM及泰华农民银行、曼谷银行、泰国军人银行等银行的ATM都可以选择中文语言进行取款操作。

NO.6 携带行李有讲究

过来人经验谈

Chloe · 女 · 某公司职员 · 多亲子游经验

我们4月底从北京去泰国，泰国的天气比较炎热，带的衣服以夏天为主。听说亚航飞机上会比较冷，且不一定提供毛毯，所以我们都带了外套。因为和小孩一起外出，小孩的行李准备花的精力最多，衣服、袜子带了很多，尿不湿、奶粉必不可少，还有各种适合小孩的药……基本上小孩的行李准备好了，大人的很快就可以搞定。出发前，特地给小孩买了一个很Q的行李箱，最后证明，这个行李箱大有用处，除了能吸引很多外国友人的目光外，还能在小孩不想走路的时候，让他坐到上面拉着他走，比抱轻松多了。

夏天的末儿 · 女 · 只是爱旅行，没有环游世界的勇气

去泰国旅游，手电筒、晕车药、湿纸巾是不可缺少的物品。泰国天黑的很早，开发不那么完善的海岛就更黑，晚上想要出去吃个饭什么的，手电筒会帮大忙。泰国的双条、小车、Mini Bus一般都开得很疯狂，不管是不是会晕车，还是带上晕车药保险啊！另外湿纸巾这种东西，吃完水果擦手、临时洗脸、擦拭餐具什么的时候真的是超级好用呢。

★ 必备行李

必备行李主要有：护照、机票和酒店订单、现金（人民币、泰铢）、银行卡和信用卡、保险及紧急清单。这类行李是最重要的东西，适合放在贴身包里。

★ 备用装备

备用装备包括各种随身物品，旅游时可放在随身包里带出去。这种装备主要包括：相机和手机等电子产品、手机备用电池、旅游资料、雨伞、创可贴、防晒霜、晒后修复液、笔和纸等。

PART 1 去泰国要做的9件事

★ 做个行李备忘录

行李准备清单

证件类			衣物类		
类别	带齐打√	备注	类别	带齐打√	备注
签证			长衣长裤		
护照			T恤、短裤		
学生证			沙滩衣裤		
青年旅舍会员卡			内衣内裤		
证件照及电子版			外套		
现金及信用卡			鞋		
驾照及公证件			围巾		
行程单			遮阳帽/伞		
笔和纸			太阳镜		

药品类			护肤品类		
类别	带齐打√	备注	类别	带齐打√	备注
驱蚊药			防晒霜		
创可贴			洗面奶		
感冒药			爽肤水		
眼药水			润肤乳		
藿香正气丸			眼霜		
诺氟沙星			隔离霜		

通信拍照类			清洁卫生类		
类别	带齐打√	备注	类别	带齐打√	备注
手机			毛巾		
相机/DV			牙膏/牙刷		
存储卡			梳子		
替换电池			剃须刀		
充电器/充电宝			湿巾/纸巾		
插头转换器			生理用品		
地图			旅行三宝（U型枕、耳塞、眼罩）		
攻略指南					

管家提示

　　泰国三孔插座的插头和国内不一样，需要转换器。两孔的插座是一样的，不需要转换器了。转换器可以在国内买好带去，也可以到泰国后在7-11等便利店内购买。在泰国7-11便利店很多，想要的几乎都能买得到。

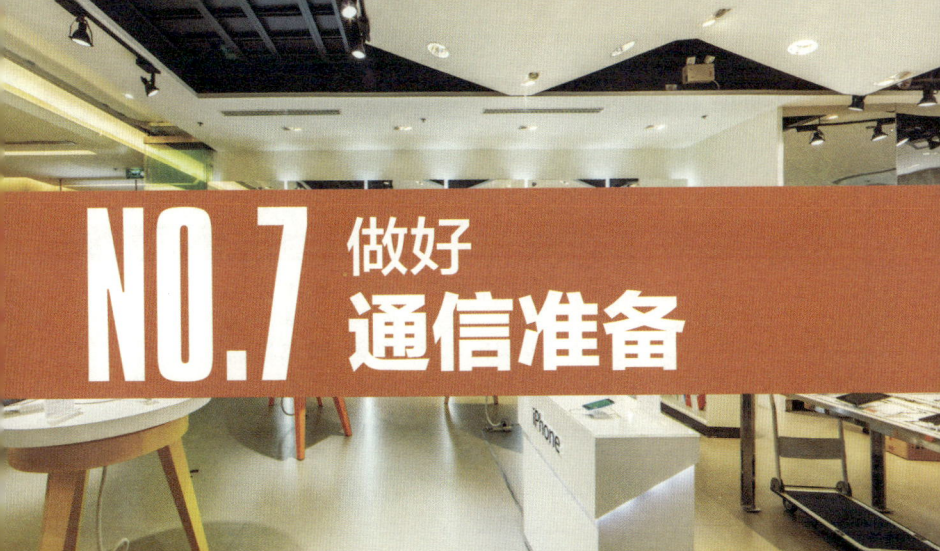

NO.7 做好通信准备

过来人经验谈

爱在驴途·男·自由职业者·大神级别

　　去泰国旅游，我并没有开通手机的国际漫游功能，而是选择购买泰国电话卡。电话卡可以直接在网上买，当时买的是泰国 Happy 卡（DTAC），花了45元（便宜的30多元就能买到），买完后大概4天到货。店家还给我发了一份邮件，里面有电话卡的使用说明、出入境填写模板、泰国某商场购物优惠券、曼谷交通图、清迈地图等，非常实用。这种电话卡能享受7天不限流量3G无线上网，非常适合我们这次旅行，到了泰国直接把卡插进手机，根据提示操作，马上可以用。

赵先森·男·某公司职员·自拍狂人

　　现在说下泰国电话卡的使用吧，激活，插卡，开机，等短信，短信到了就没问题了（记得不要在国内插卡使用呀，要么就等于开通了，切记）。你可以去7-11的店里买，7-11遍地都是，一点不夸张，不需要护照，一般空卡100泰铢，里面好像有20泰铢话费。最好买来时能让服务员帮你开通一下，因为有的卡买来不开通是不能用的。

PART 1 去泰国要做的9件事

★ 方便快捷的国际漫游

移动用户

移动用户开通泰国国际漫游资费情况：

资费信息（泰国）								
国家	拨中国内地	漫游地接听	拨漫游地	拨其他国家和地区（不含特定国家和地区）	发短信回中国内地	发短信至其他国家和地区	收短信	数据流量	4G漫游
	元/分钟				元/条				
泰国	1.99	1.99	0.99	3	0.69	1.59	0	6元包3M	支持

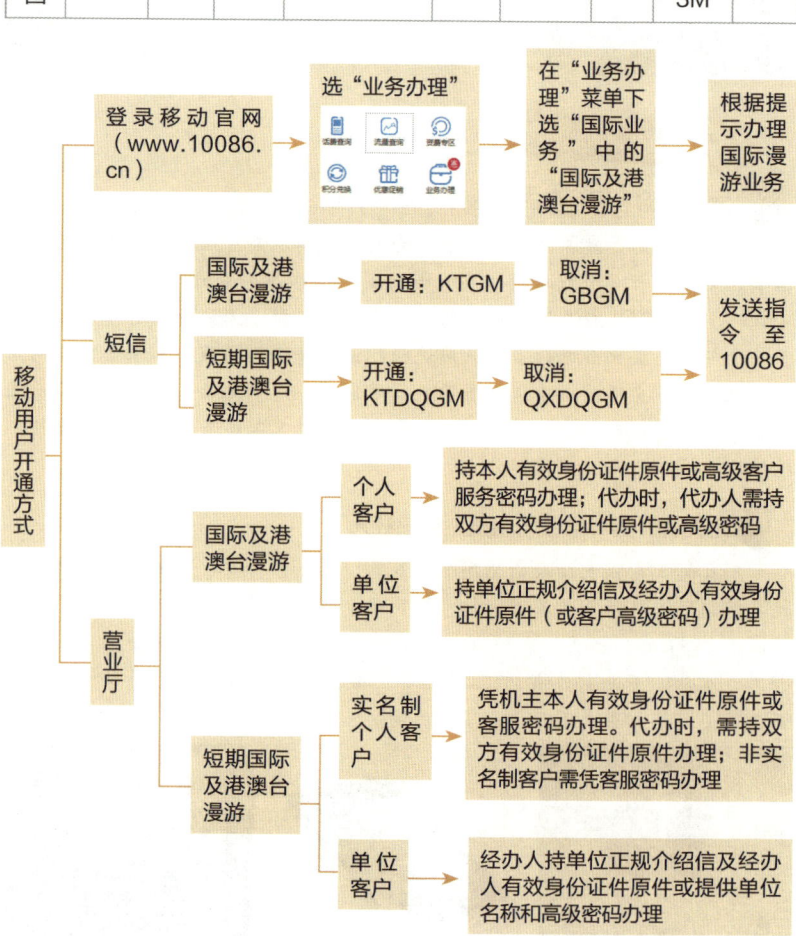

> **tips**
>
> 满足免预存/免账户余额等条件的客户,可以通过短信方式办理。当月办理,当月生效。每月最后一天无法通过网站办理,最后一天19:00后无法通过营业厅、短信渠道办理。

联通用户

联通用户开通泰国国际漫游资费情况:

资费信息(泰国)							
国家	运营商名称	拨打漫游地(元/分钟)	拨打中国大陆(不含港澳台)(元/分钟)	漫游地接听(元/分钟)	发中国大陆(不含港澳台)短信(元/条)	发其他国家和地区短信(元/条)	数据漫游(元/KB)
泰国	泰国 AIS	1.86	1.86	1.86	0.86	1.76	0.01
	泰国 DTAC(原TAC)泰国 TRUE MOVE	1.86	4.86	1.86	1.26	2.16	0.01

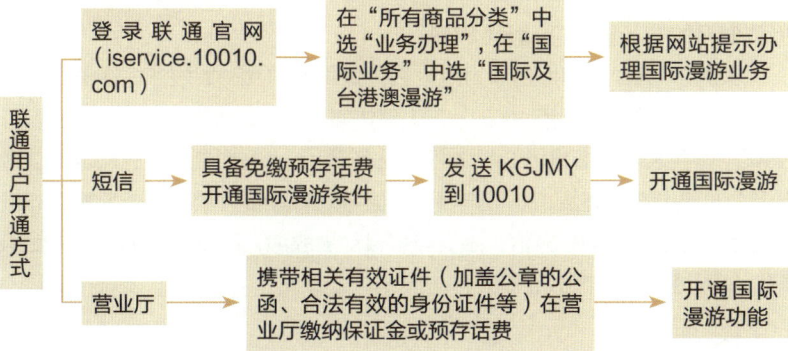

电信用户

中国电信根据漫游地网络制式不同为用户提供 CDMA 国际漫游(简称"CtoC 漫游")和 GSM(包含 WCDMA)国际漫游(简称"CtoG 漫游")。若想开通 CtoG 漫游,需办理天翼国际卡。办理国际漫游需携带有效身份证到营业厅办理,普通用户需要交纳 500 元押金,如果是天翼钻石卡、金卡用户,可通过拨打中国电信客户服务热线 10000 直接开通。

tips

电信用户开通国际漫游的同时会自动关闭国内漫游,如果在出境前开通则在出境前是无法使用国内漫游的,建议大家在离境之前或者确认不使用国内漫游时再开通国际漫游,回来时记得关闭这项业务。

★ 省钱的电话卡

到泰国旅游,常买的泰国电话卡有 True Move 卡、Happy 卡、1-2-Call 卡,每种卡的资费、每次充值的最低费用均不相同,旅客可根据自己的需求来选择。这些卡可以在出国前通过旅行社或淘宝网等途径购买。

泰国旅游手机电话卡推荐		
种类	信息	网址
True Move 卡(Truemove)	SIM 卡(Truemove Inter SIM Card)49 泰铢,含有 5~7 泰铢话费,一般再买 50 泰铢的充值卡(Top Up Card)就够用,打国内和当地都是 1 泰铢/分钟	truemove.truecorp.co.th
Happy 卡(DTAC)	免激活,可开通 7 天不限流量 3G 无线上网功能	www.dtc.co.th
1-2-Call(AIS)	由泰国最大移动通信公司 AIS 发行,信号覆盖广,在海岛上信号也很好	www.ais.co.th

针对游客的 Happy Tourist SIM

泰国 DTAC 公司推出了为短途旅行提供的 HAPPY 旅行电话卡,只需要 49 泰铢(约合人民币 10 元),无须任何证件手续,在 7-11 便利店即可购买(曼谷素万那普机场 2 楼 7 号门处有 Happy 的柜台),充值也可以到 7-11 便利店直接充值,非常方便。充值方式有直接付款充值或者购买充值卡两种。若 30 天内未充值,手机号将自动被取消,所以放心地在境内使用吧。刷微博打长途都不用愁了。

上网资费

1.Happy Tourist SIM 49 卡:内含 15 泰铢的电话费,1 天免费的 3G 上网服务(无流量限制)。超出时间后 10 泰铢/MB。

2.Happy Tourist SIM 299 卡:内含 100 泰铢的电话费,7 天免费的 3G 上网服务(无流量限制)。超出时间后 10 泰铢/MB。

电话资费

拨打本地 Happy 网络/其他网络的电话 1.25 泰铢/分钟,发本地短讯 3 泰铢/条,发国际短讯 5 泰铢/条。

Happy 卡使用指南

1 如何激活

无须激活：关掉手机，把卡插入手机，重新启动手机，然后选择网络即可；随后你会收到几条短讯，其中有 Wi-Fi 网络的账号与密码，在 Happy 网络 Wi-Fi 覆盖的地方可以用这个账号密码连入 Wi-Fi。

2 如何手动选择网络

IPhone：设置→运营商→取消自动选择→选择 dtac/WP-1800/TH-dtac。

Android 手机：设置→无线与网络→手机网络→运营商→查找网络→选择 dtac/WP-1800/TH-dtac。

3 Happy 卡上网的手机设置

最简单的方式就是什么都不设置，直接按照说明书中上网套餐的内容，激活套餐就能使用了。有的智能手机可能需要重置一下网络设置才可以上网。但是，首先要做的是重启手机。

4 手机充值

最简单的方法是去 7-11 超市购买充值卡（Refill card），然后看充值卡的说明就能充值了，也可以直接请店员帮忙充值。充值卡 60 泰铢起，最多 500 泰铢。

自己充值：*100*+ 充值卡序列号 + 充值卡密码 +*9#，然后按拨号键就好了。

查询余额拨打 *101*9#。

查询自身手机号码拨打 *102*9#。

★ 教亲人如何与你联系

打电话

　　从中国拨打泰国市话：中国国际冠码（00）+ 泰国国家代码（66）+ 区号 + 座机号码。如从中国拨打曼谷酒店座机：00-66-2-1234567

　　从中国拨打泰国手机：中国国际冠码（00）+ 泰国国家代码（66）+ 手机号码。如从中国拨打曼谷手机：00-66-87654321

微信/QQ

　　提前在手机上下载并安装微信或QQ，互相加为好友。在泰国，用手机上网相当方便，酒店、大型购物商场、餐馆一般都有免费Wi-Fi。如果没有Wi-Fi，移动的流量是6元人民币含3M，当天流量费60元封顶，流量50M封顶并暂停流量功能。

管家提示

　　电话卡可以在国内买，也可以到泰国的7-11、莲花超市等店购买，这些店都可以充值，但不是每家店都有卡，有时候卖完了，多问几家就可以买到。True Move 卡（Truemove），在曼谷机场拿行李、领免费资料的地方有人送卡，如果能拿到免费的卡相当值，卡内一般含5泰铢话费，能打3分多钟，但不是每天都能遇到送卡。如果是iPhone手机，要买专用的小卡。

NO.8 买份旅行保险

过来人经验谈

爱在驴途·男·自由职业者·大神级别

到泰国旅游,对于安全性我们从来没有过多担心,但外出旅游总有可能遇到航班延误、意外疾病、交通事故、行李遗失……旅途上的这些风险,已经远远超过我们的心理预期。为了能让自己旅游愉快安心,出发前投保了一份境外旅游保险。投保非常方便,在网上就可以直接办理,价格也不贵,买后心里会踏实不少。

★ 哪些保险公司靠谱

在国内,可以选择中国平安、中国人保财险、太平洋人寿保险公司等靠谱的保险公司投保,保险项目可到保险公司或其官网上购买,手续相当简单,一般不需要另外体检。

★ 花小钱换大保障

境外旅行保险一般包括意外险、医疗险等,有的还附加境外个人旅行不便保险、境外旅行法律责任保险等项目。花点小钱买份境外旅游保险,可以换个大保障。

PART 1 去泰国要做的9件事

名称	范围	网址
平安"畅行天下"境外旅行保险（全球）	意外身故/残疾/烧烫伤、意外伤害医疗、紧急医疗救援、航班延误、行李延误、行李票证损失保障、旅行期间家财保险等	www.4008000000.com
中国人保财险全球旅游保险（e-四海逍遥游保险）	门急诊及住院医疗费用补偿、行李和随身物品丢失赔偿、托运行李丢失赔偿、意外身故和残疾给付等	www.epicc.com.cn
太平洋人寿保险公司"乐游人生"境外旅行救援保险（尊贵版）	境外意外伤害保险责任、境外住院医疗保险责任、境外紧急救援保险责任、附加境外个人旅行不便保险、附加境外旅行法律责任保险等	www.ecpic.com.cn
泰康e顺签证宝旅行保障计划	旅行意外伤害身故/残疾/烧伤保险金等	www.taikang.com
安联国际旅行保险尊悦计划	公共交通意外伤害保障、自驾车意外伤害、旅行紧急医疗运送和送返、随行者随身财产、旅程延误、未成年人送返费用补偿等	www.hzins.com

管家提示

若买了保险，建议随身带好急难救助电话和保单编号（有的保险公司会发给一张小的保险卡），一旦发生事故就能在第一时间通知保险公司，获得救助。正式保单则可以在出行前交给亲友保管。

NO.9 提前下载 APP

过来人经验谈

夏天的末儿·女·只是爱旅行,没有环游世界的勇气

因为不会说泰语,在泰国工作的妹妹给我们推荐了 Speak Thai 这款 APP。这款软件预设语言是英文,可以按"Setting"设置成中文。我们当时选了购物篇试了一下,点购物篇后会有细项分类,如"逛街讨价还价",点一下还有下一层"有没有打折",此时直接按手机上那个嘴唇就可以听到泰语发音的句子,感觉挺神奇的。

★ 谷歌地图

谷歌地图是一款实用的地图软件,支持手机 IOS 系统(苹果手机应用系统)、Android(安卓)系统及 Windows Phone 平台,在手机应用商店搜索"谷歌地图",即可下载。

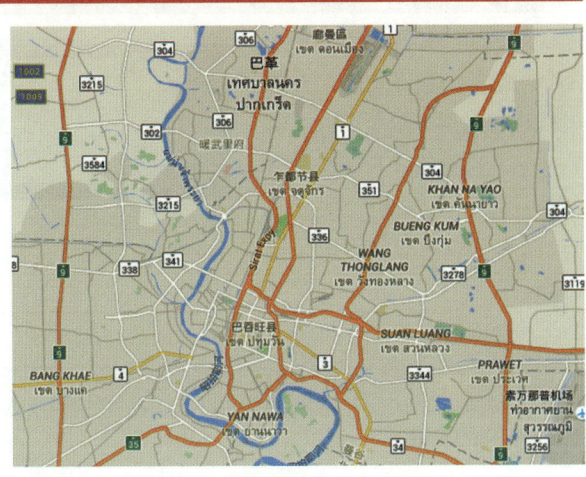

PART 1 去泰国要做的 9 件事

★ 猫途鹰

猫途鹰是一个提供酒店比价和折扣、景点、美食点评、旅游攻略的旅游综合平台，软件适用于 IPhone、iPad、Android 等平台。在手机应用商店搜索关键词"猫途鹰"，即可下载，也可直接扫描二维码进行下载。

★ Booking

Booking 是一款订房软件，适用于 IPhone、iPad、Android 等平台，在手机应用商店搜索关键词"Booking"，即可下载。

★ 泰国当地通

泰国当地通主要功能有当地电话求助、问路卡片、租车导游一日游服务、经典旅游线路锦囊、机场视频指引攻略、超值折扣度假产品等功能。这款 APP 支持手机 IOS 系统（苹果手机应用系统）、Android（安卓）等平台，下载时登录手机上的应用商店，搜索"泰国当地通"，即可下载。

★ Speak Thai

由泰国旅游局制作的 APP，是一个翻译软件，支持手机 IOS 系统（苹果手机应用系统）、Android（安卓）等平台。安装 App 后，可以设置中文，选择要说的话，点击嘴巴即可随时随地与泰国人交流。

管家提示

提前下载与泰国旅游相关的 APP，将泰国装进手机里，旅途可以很轻松。下载相应的 APP，能迅速解决在泰国衣食住行、吃喝玩乐的疑惑，还能获得相应的实惠。

泰国红艺人表演

Part 2

4大步骤详解出入境

NO.1 出境别大意

过来人经验谈

夏天的末儿·女·只是爱旅行，没有环游世界的勇气

我们去泰国的飞机在晚上8点多起飞，下午5点多我们就前往首都国际机场。到机场后先到达国际出发厅换登机牌、办理行李托运。我们一行有两个家庭共6个大人2个小孩，办登机手续的时候，不用每个人都去柜台办理，一家一个代表，拿上每个人的护照即可。那天排队的人不算多，大概半小时就办好了。托运完行李，大家都比较轻松。经过一系列的检查，到达候机厅时还有将近1.5小时才能登机。由于没吃晚餐，在机场内的餐厅吃了一顿。吃完后就到达候机厅候机，为了打发时间，就连接机场的免费Wi-Fi上网，安心等待登机。

★ 为何提早去机场

国际出发的旅客，要经过一系列安全检查，且一般国际航班提前1个小时就不办理登机牌了。为确保顺利登机，建议最晚在航班起飞前2.5~3小时到达相应航站楼。

托运行李 → 检验检疫 → 边防检查 → 安全检查 → 海关检查 → 候机及登机

▲国际出发流程图

1 办理登机手续及托运行李

办理登机手续前,先确认是否携带有需要向海关申报的物品。如有,填写《中华人民共和国海关进出境旅客行李物品申报单》,并在海关申报柜台办理申报手续。如有需要,也可以办理行李托运,办完后拿登机牌。

2 检验检疫

如果是要出国一年以上的中国籍旅客,建议到检验检疫部门进行体检,以获取有效的健康证明。如果出行目的地恰好是某一疫区,应进行必要的免疫预防疫苗接种。

3 边防检查

出示有效的护照证件、签证。如持有有关部门签发的出国证明的,要及时出示。

4 安全检查

提前准备好登机牌、机票和有效护照证件,交给安全检查员查验。旅客须从安全检测门通过,随身行李物品须经X光机检查。

5 海关检查

如果携带有需向海关申报的物品,须填写物品申报单,选择"申报通道"(又称"红色通道")通关;如果没有,无须填写申报单,选择"无申报通道"(又称"绿色通道")通关。

6 候机及登机

经过安检以后,可以根据登机牌标示的登机口到相应候机区休息候机。通常情况下,航班起飞前至少30分钟开始登机,可留意广播提示及航班信息显示。

★ 出入境登记卡填写

在飞机快要到达目的地时,机上工作人员会发给乘客一份泰国出入境卡。出入境卡分为入境卡(Arrival card)和出境卡(Departure Card),为泰语和英语对照,入境检查时会收入境卡,出境时会收出境卡。填写时,可把护照拿出来对着护照填写,所有的栏目都要用英文很工整地填写,填写自己姓名时用大写字母填写,有些选择项用"X"号表示,填写好后需要签上自己的姓名。如果不会填,可请工作人员帮忙。

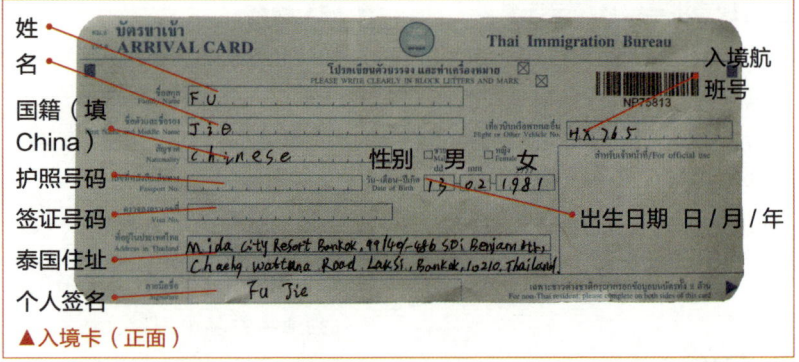

▲入境卡（正面）

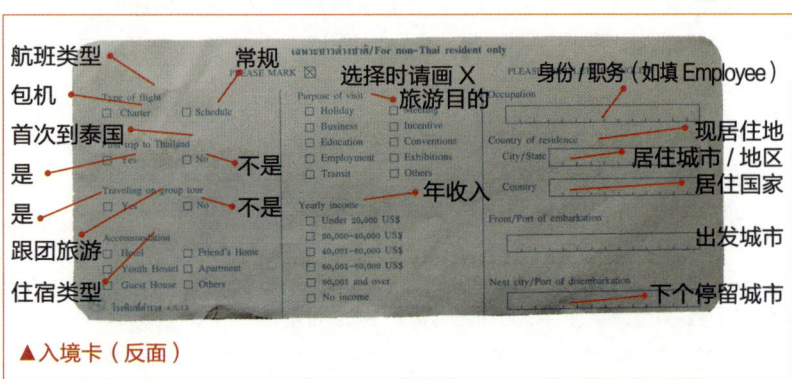

▲入境卡（反面）

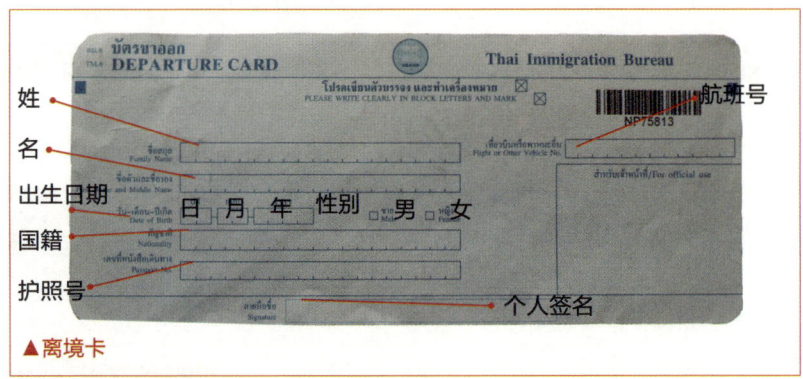

▲离境卡

★ 关税申报表

乘坐飞机进入泰国，在飞机上一般不用填写关税申报表，关税申报表是在有需要申报关税的物品时才提交。如果需要申报而飞机上没有提供这种表，可以在抵达机场后到入境审查的大厅里拿。如果从陆路入境，可以在国境的出入境管理处获取表格。

入境可携带相关物品信息	
种类	说明
可免税携带物品	200根香烟或250克烟草或雪茄，或者混合携带加一起的重量最多不超过500克，超过500克罚款
	个人随身携带物品总价值不超过1万泰铢
	不受限制的/非违禁物品，或正规物品
	最大限度1升的酒精类饮料
不准携带进入泰国的物品	麻醉剂、淫秽商品和出版物、冒牌盗版货品、伪钞假币、国家保护动物、毒品、动植物
需要申报的物品	个人使用物品的数量不符合规定，或随身携带物品总值超过1万泰铢；被用于商业用途、业务或者贸易的物品，如模具等
受限制的商品	有些货物的进出口受法律的限制，因此需要得到有关政府部门的许可，方可办理海关过关手续，受限制的物品有进口药物、古董、野生动物、植物、鱼类和其他水生动物等

★ 轻松化解落地签难题

去泰国办理落地签非常简单，下机后可前往落地签证柜台（Visa on Arrive）办理，基本上所有机场都有中文指示标志。办理落地签的人一般都比较多，如果在出国前提前到网上（网址：http://voa.immigration.go.th/tm88.pdf）下载落地签申请表并用英文填好，可节约不少时间。

泰国落地签证必备证件/费用	
证件	备注
护照	有效期至少六个月
出入境卡	飞机上发放并填写
签证申请表格	可在柜台或所乘班机上索取，按要求填写，并贴上照片，柜台提供专门的中文对照版
照片	一张4厘米×6厘米的白底照片，建议提前准备，曼谷机场落地签证处可以现场付费300泰铢拍照，其他机场入境泰国可能没有现场拍照服务
返程机票	不超过15天的返程机票（电子票打印版）
签证费	交泰铢现金，快速通道1200泰铢，普通通道1000泰铢
旅费	个人至少20 000泰铢或等值货币，一家人须携带不少于40 000泰铢或等值货币，可能会抽查

ตม.88
TM.88

贴相片处

Photograph
4 x 6 cm.

落地签申请表

APPLICATION FOR VISA ON ARRIVAL

Miss.
Mr.
Mrs. _____姓名_____
    Family name   First name   Middle name   (in block letters)

Nationality __国籍__ Passport or travelling document No. __护照号码__
Date and place of issue __护照签发地和日期__ Date of birth __出生时间__
Expiry date __护照使用期限__ Flight No. __航班号__
Occupation __职称__
Permanent address __本国居住地址__
Address in Thailand __泰国住址（填写酒店名称即可）__
Name and address of person (s) of reference in Thailand
__泰国联系人的名字及住址（可不填）__

If accompanied by minor children travelling on the same passport, please give names, dates and places of birth
__同行孩童如没护照需填写__

Signature __签名__
Date __日期__

FOR OFFICIAL USE ONLY

Visa No. _____ Date of Issue _____
Fees _____ __此部分由海关填写__ _____
Signature _____
                                Immigration Officer
Date _____

NOTICE
VISA FEE IS 1,000 BAHT PER PERSON
THAI CURRENCY ONLY/NON - REFUNDABLE

(โรงพิมพ์ตำรวจ พ.ศ. ๒๕๔๕)

前往检查区

（1）前期资料准备

a. 入境和出境机票（往返机票的复印件）。

b. 本人护照（半年以上有效期）和护照复印件一份。

(2) 到机场落地签专柜办理

a. 沿着Visa on Arrive标志前往落地签证办理处，领取落地签申请表并填好。

b. 递交资料：填好的申请表、照片、往返机票的复印件及现金费用，快速通道是1200泰铢，普通通道是1000泰铢。

c. 工作人员初步审核所提交资料后，发一张写有号码的纸片，办理者等待被叫号即可。

d. 大厅的显示屏会显示每个号码应去的柜台，走到叫号的柜台，递上号码纸片，拿到一个放有护照、出入境卡和蓝色泰文收据及号码纸片文件夹。拿着这个文件夹走到"For Visa-on-Arrive Only"的柜台。

（3）成功获得签证

入境官员盖一个入境章，同时把出入境卡的入境部分留下，将出境卡盖章之后订在护照上。拿着返还的护照就可以跨过边检柜台，正式进入泰国境内。

> **管家提示**
>
> 中国公民持有效普通护照及前往泰国的机票行程证明，即可出境，机票可以是直飞也可以是中转联程，现在并不会出现海关不放行的情况。此外，泰国移民局规定入境落地签必须带足20 000泰铢现金，随机抽查，现金不足者将被拒绝入境。可能抽查的情况不多，但入境之前属于国际禁区，没有ATM取现，还是小心为妙。

NO.2 入境别慌张

过来人经验谈

 Chloe · 女 · 某公司职员 · 多亲子游经验

下飞机后,我们跟着同一航班的人往前走,由于我们带有小孩,走得比较慢,最后只剩下我们了。刚开始没看指示牌,走错了,后来问了服务台的人才找到入境检查处(Passport Control)。在我们前面排队入境的人只有三四个,很快就到我们。我们一家子一起去,递上我们的护照,还在想官员会不会问问题,因为之前的人都没有出现问问题的情况。结果待遇和他们一样,也是没问什么,也没出现网上说的要小费的情况,3分钟不到就顺利入境。入境后就可以看到取行李的转盘。取完行李就可以往外走,我们直接找到乘出租车的地方,乘车到酒店。

 夏天的末儿 · 女 · 只是爱旅行,没有环游世界的勇气

曼谷机场的各项设施都很完善,即便是深夜到达,也不必担心。即便是凌晨,机场里也十分热闹,如果想节省住宿费,还可以在机场睡几个小时。

★ 入境检查

下飞机后,沿着"Arrivals"标志牌走,可以到达入境检查处(Passport Control)。依照身份不同,分为泰国国籍(Thai)或外国人(Foreigner)检查通道,持中国护照走外国人通道。检查时,将护照签证页、出入境卡等递交给移民官。移民官一般很少提问,检查完证件后,拍照记录,在护照上盖入境章(上面注明允许在泰国停留的时间),出境表被订在护照内页上,此表不能遗失。

★ 行李领取不出错

经过检查后，前往行李转盘领取行李（Baggage Reclaim）。根据行李领取电子显示屏上所显示的信息找到对应的行李转盘，领取行李。如果发现行李破损或无法找到行李，可到行李服务柜台（Baggage Service）询问。

★ 海关检查

领取行李后，前往海关检查（Customs）。入境泰国，行李采取主动申报、抽查制。如果携带的物品不需申报，可以走绿色通道（Nothing to Declare）直接出关；如果携带有需要申报的物品，走红色通道（Goods to Declare）。一般很少检查，若海关人员要求开箱检查积极配合即可。

★ 顺利出关

通过海关检查，即可顺利出关。如果时间允许，可先到机场的游客信息咨询中心（Tourist Information Center）询问相关信息，了解酒店、导游等信息，还可以拿到免费地图。如果需要兑换货币，可到机场的货币兑换处（Currency Exchange）兑换。

★ 不可不知的转机常识

如果计划选择中转航班前往泰国，建议留出充分的转机时间，办理登机手续时，可选择办理"行李直挂"，即直接将行李托运到最终目的地，可省去中转时再次托运的时间。

泰国境外转机

如果在香港、马来西亚等泰国境外的国际机场转机，可以不出关，也不用取托运行李，只需在机场内的限定区域停留，行李可以自动托运到下一趟航班。

泰国境内转机

如果选择从泰国境内转机前往其他城市，在下机后依照国内转机（Transfer to Domestic）指示牌走，即能找到相应的航空公司柜台办理转机。对于不同航空公司间的转机，需提前了解其国内线的航班和国际线是否在同一座机场。如果需要在两座机场间转机，建议留出4个小时的转机时间。

廊曼机场转机流程

1. 廊曼机场一共有 3 层楼，国际到达是在 2 楼，跟着人走，走到尽头就是关口，出了关口后下 1 楼提取行李，出去后右转，再上 3 楼出发大厅，大厅右边是 Check In 的柜台，柜台左边是出发口，里面用中文写得很清楚——国际出发、国内出发。

2. 上到 2 楼的时候停下来，看上面的屏幕，上面有你的航班号对应的登机口。

3. 拿登机牌和护照，直接就可以进安检，登机的时候只需要出示登机牌和护照。

4. 之前有人说过打印出登机牌后要到柜台盖章，现在明确告诉大家不用盖章，直接到安检口就行。

5. 机场内国内值机柜台提前 45 分钟关闭，说明只有 45 分钟时间入关、安检、值机。

★ 打电话与国内亲人联系

从泰国打电话到中国

拨打中国国内座机：泰国国际冠码（001）- 中国国家代码（86）- 区号（前面的 0 去掉）- 座机号

拨打中国国内手机：泰国国际冠码（001）- 中国国家代码（86）- 手机号

泰国国内电话互打

手机打座机：区号 + 座机号

手机打手机：0- 手机号；+66- 手机号

公共电话打座机：区号 + 座机号

公共电话打手机：0- 手机号

从泰国打电话到中国的方法

1. 公用电话

泰国的公用电话最常见的有金属红色投币式、绿色插卡式、黄色芯片卡式（或芯片卡、投币双用）3 种公用电话，其中只有黄色芯片卡式电话可以拨打国际电话。国际电话卡在便利商店均有出售，国际电话卡面值常见的有 300 泰铢、500 泰铢、1000 泰铢，泰国国内电话卡面值常见的有 50 泰铢、100 泰铢。

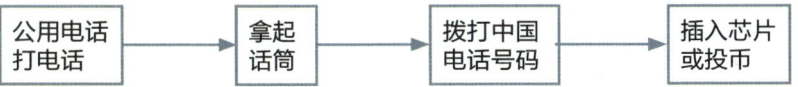

公用电话打电话 → 拿起话筒 → 拨打中国电话号码 → 插入芯片或投币

2. 手机

换上泰国的电话卡，直接用手机打回国内。也可以用手机登录 QQ 或微信与家人视频或发信息。

★ 适应泰国时差

泰国位于东七区，中国位于东八区，两者相差 1 小时。当北京时间为 17:00 时，泰国曼谷时间为 16:00。前往泰国旅游，基本不会受时差影响。

管家提示

入境时，移民官会抽查入境外籍人士随身携带的现金，需不少于 20 000 泰铢或等值货币（约合 4000 元人民币），即使携带信用卡也会抽查现金数量。不管是落地签人士，还是其他类型签证入境人士，都有可能被抽查到。如抽查到不够标准，移民官有权利拒绝该外籍人士入境。

曼谷素万那普国际机场

地下一层是地铁站，一层是出租车、大巴车停靠站，二层是到达区，三层是购物餐饮以及宗教休息室（只对僧人及其他宗教人士开放）。四层是出发大厅。在二层到达大厅一直沿路向前走，尽头有 ATM，可以直接用银联卡取泰铢。

廊曼机场

机场内基础设施第 1 层是进港大厅，该层设有快餐厅、小吃店、网吧、银行、货币兑换柜台、纪念品商店、医疗服务站、机场豪华轿车服务以及租车服务点。候机厅和值机柜台在第 3 层，第 3 层还设有货币兑换柜台、餐厅、纪念品店和 VIP 休息室。

NO.3 从机场前往市区

过来人经验谈

爱在驴途 · 男 · 自由职业者 · 大神级别

　　从曼谷素万那普国际机场出来已是晚上9点多，我们选择乘坐出租车前往酒店。在机场乘坐出租车不用担心出现宰客现象，工作人员有统一安排。我们把酒店预订单上的酒店地址给他们，工作人员要我们在旁边等待，并告知我们到达酒店的价格，车费好像是300泰铢。司机是一个68岁的老人家，上车后，用英语和我们打了招呼，并礼貌地告诉我们，车会经过几个收费站，大概费用是70泰铢，这个费用由我们承担，他向我们建议给他100泰铢，没用完再还给我们，我们同意了。一路上，他和我们聊了起来，因为那段时间泰国有游行示威的现象，我们就问了他对这种现象的看法。他说其实电视上都把这一情况说严重了，泰国人虽然游行示威，但非常有序，是在几个区域内和平表达自己的诉求。我们的酒店附近就有一个游行示威区域，车子经过时他还指给我们看了。我们问了他好多问题，相谈甚欢。出租车上还有一大特色，放着司机和家人的相片，十分温馨，真是一个友好、可爱的老人家。

夏天的末儿 · 女 · 只是爱旅行，没有环游世界的勇气

　　到达普吉，普吉那边的出租车乘车点要500泰铢（约人民币100元）才肯拉我们出去，也不肯降价。我们觉得这车站的出租车有坑我们的嫌疑，于是就到门口去找双条车或者突突车，无奈价钱更贵，要600泰铢（约人民币120元），只好折回去找出租车。

★ 乘公共交通前往

素万那普国际机场

在 G 楼（即 1 楼，Ground Floor）的 4、7 号出口搭乘出租车至市区（考山路大王宫附近），约 400 泰铢，50 泰铢机场服务费，车程 40 分钟

乘坐 24 小时免费服务的机场巴士（Shuttle Bus）到公交车中心（Bus Terminal），然后根据需要乘坐公交车，票价 34 泰铢

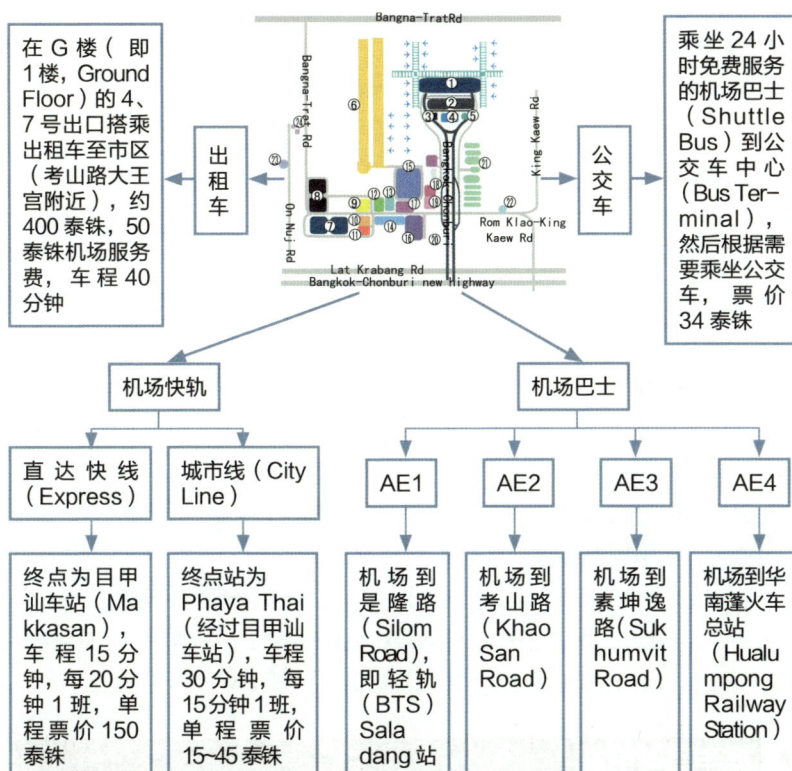

机场快轨

直达快线（Express）
终点为目甲讪车站（Makkasan），车程 15 分钟，每 20 分钟 1 班，单程票价 150 泰铢

城市线（City Line）
终点站为 Phaya Thai（经过目甲讪车站），车程 30 分钟，每 15 分钟 1 班，单程票价 15~45 泰铢

机场巴士

AE1 机场到是隆路（Silom Road），即轻轨（BTS）Sala dang 站

AE2 机场到考山路（Khao San Road）

AE3 机场到素坤逸路（Sukhumvit Road）

AE4 机场到华南蓬火车总站（Hualumpong Railway Station）

素万那普国际机场快轨路线				
机场快轨车站		特快列车	城市列车	车站接驳路线
中 / 英文	泰文	√	√	
素万那普（Suvarnabhumi）	สุวรรณภูมิ		√	
叻甲挽（Lat Krabang）	ลาดกระบัง		√	
挽塔昌（Ban Thap Chang）	บ้านทับช้าง		√	
华目（Hua Mak）	หัวหมาก		√	
蓝甘杏（Ramkhamhaeng）	รามคำแหง	√	√	曼谷地铁碧武里车站
目甲讪（Makkasan）	มักกะสัน		√	
叻猜巴洛（Ratchaprarop）	ราชปรารภ		√	BTS 素坤逸线披耶泰车站
披耶泰（Phaya Thai）	พญาไท			

廊曼国际机场

公交车： 乘 29、59、504、510、513 路公交车都可以去往市区

出租车： 在 1 楼 7 号出口搭乘出租车前往市区，约 200 泰铢，50 泰铢机场服务费，车程 30 分钟

火车： 从 1 号航站楼到 Airport Hotel，然后通过走道前往廊曼火车站搭乘火车，不到 10 泰铢就可直接到市区中心的华南蓬火车站

清迈国际机场

酒店接机： 如果提前预订了旅馆，旅馆一般都会提供免费的接机服务

双条车： 到清迈古城费用 30 ~ 40 泰铢

突突车： 到清迈古城费用 70 ~ 100 泰铢

出租车： 到清迈古城费用 120 ~ 150 泰铢

普吉国际机场

机场巴士： 从机场到普吉镇的机场巴士运营时间为 6:30 ~ 20:45，每 1 ~ 1.5 小时发一班车，票价 85 泰铢，车程 1 小时

迷你巴士： 速度比机场巴士快，到普吉镇需 220 泰铢，到芭东海滩需 180 泰铢，到卡塔海滩需 250 泰铢

出租车： 出机场后转，在走廊尽头会看到一个出租车摊位。只需告诉那里的工作人员你的目的地，他们便会给你一张写有司机编号的纸。到普吉镇约 500 泰铢

双条车： 航站楼外的大街上设有双条车站，到普吉镇约 30 泰铢

★ **提车自驾前往**

很多租车公司在机场入境大厅设有租车柜台，帮助乘客完成租车手续。办完手续后，有工作人员带着前往大厅门口取车，相当简单和方便。

管家提示

在泰国市内乘坐出租车，一定要找有正规标志的 Taxi。上车前先和司机确认目的地并要求打表（By Meter），如果遇到拒绝打表或有其他可疑情况的司机直接换车。上车后确认司机按下计程器。如果乘坐不正规的出租车和突突车，他们开的价格可能比较低，但很可能会把人带到与他们有合作关系的购物商场或者娱乐场所，从中获取好处。

不要理睬那些拉生意的和所有指向所谓的"官方机场出租车"的黄色标牌。应走出抵达大厅，加入快速移动的队列，等待公共出租车。不要怕麻烦，多询问几个出租车司机，一般都能遇到愿意打表的司机。如遇到个别极品司机不愿打表，一定要坚持跟他说"请打表（Please use meter 或是 by meter）"，如果司机说 NO，那么换一辆车继续。

NO.4 安全离境那些事

PART 2

4 大步骤详解出入境

过来人经验谈

 爱在驴途·男·自由职业者·大神级别

从曼谷离开那天，天公不作美，下起了很大的雨，似乎舍不得我们离开。航班是早上8点半左右的，6点我们就从酒店出发前往素万那普国际机场。离境过程比较简单，根据离境指示标志，前往护照查验处，在抵达护照查验处前会进行一次X光检查，行李都要过安检。安检完后，下楼排队等待出关。把护照递给官员，他把订在护照内页上的出境表取走，在护照内页盖了一个离境的三角章，与入境章在同一页，一切都很顺利。由于在泰国购物的时间比较少，我们打算在机场内再买点吃的东西带回去。购物总是让人容易忘记时间，等我们买得差不多的时候，发现离登机时间剩下不到30分钟，之后我们便一路狂奔，登机口离我们实在是太远了，一路上还担心能不能赶上飞机。到达登机口时，发现已经没有人了，特地问了一下工作人员，我们是不是晚了，她微笑着说没有，示意我们进去。后来想想，有点大意了，以为进了候机区域就万事大吉，对购物区域到登机口的距离也没概念，以为很近，时间没有安排好，幸好最后赶上了飞机。

 夏天的末儿·女·只是爱旅行，没有环游世界的勇气

去机场一定要趁早，因为只有早去，才有足够的时间购物，泰国机场的东西很便宜，不买一些带回去，实在是对不起自己。

★ 办理离境手续

在机场航站楼,依照出境柜台屏幕上显示的航班信息,找到所属航空公司区域,排队办理登机牌、行李托运等。

★ 离境检查

拿到登机牌后,按照离境的指示标志,前往护照查验处(Passport Control),随身行李在抵达护照查验处前会进行一次 X 光检查。在护照查验处排队等候出关,将护照递给检察官即可,检察官会把订在护照内页上的出境表取走,盖章即可出关。出关后,还有一个行李检查,一般抽查或不查。

管家提示

在泰国离境,先确定航空公司所在的机场及航站楼,安排好离境时间。如果要退税或在机场购物,要留出充裕的时间,一般建议在飞机起飞前 4 小时抵达机场。若有商品需要退税,在抵达机场办理离境手续前可前往 Vat Refund For Tourist Office 办理退税手续,办完后可办理离境手续。

专题：
在泰国如何乘公共交通工具

　　泰国只有曼谷有轻轨（BTS，又被称为空铁捷运 Sky Train，就是很多人说的天铁）和地铁，其中轻轨有 2 条线，地铁有 1 条线。地铁和轻轨之间有换乘站，但地铁和轻轨的车票不能通用，在换乘的时候，需要重新买票进站乘车。

★ 轻轨

　　曼谷的 2 条轻轨线路包括是隆线（Silom Line）和素坤逸线（Sukhumvit Line）。2 条线路的列车运营时间都是从 6:00 开班，午夜收班。轻轨的单程票随路程距离远近不同而不同，一般为 15～40 泰铢，1 日票 120 泰铢。轻轨第一节车厢的最前门允许自行车上下。

曼谷轻轨线路	
轻轨线路	主要站点
是隆线	National Stadium（国立体育馆）、Siam（市中心购物区，Sukhumvit Line 换乘站）、Sala Daeng（可换乘地铁）、Saphan Taksin（游船总站，轻轨 BTS 旅游信息中心）
素坤逸线	Siam（市中心购物区，Silom Line 换乘站）、Chit Lom（四面佛）、Nana、Asok（可换乘地铁）、On Nut（可乘坐开往廊曼国际机场的 155 路公共汽车）

> **tips**
>
> 1. 轻轨站依照东（E）、西（W）、南（S）、北（N）的顺序编号，可以很方便地查询轻轨站信息。
>
> 2. 自动售票机有旧自动售票机和新自动售票机两种。旧自动售票机是按键式的，只接受5泰铢、10泰铢的硬币；新自动售票机为触屏式，可接受硬币和20泰铢、50泰铢、100泰铢的纸币。购票时按照"1、2、3、4"的步骤操作相应的区域即可买到票。自动售票机上一次只能售一张票，多人时必须一张一张买，较麻烦。

认识轻轨站结构

曼谷的轻轨站一般都是三层结构，最下面是普通车道（街道或公路），中间是车站厅（Concourse Level），最上面才是乘车站台。

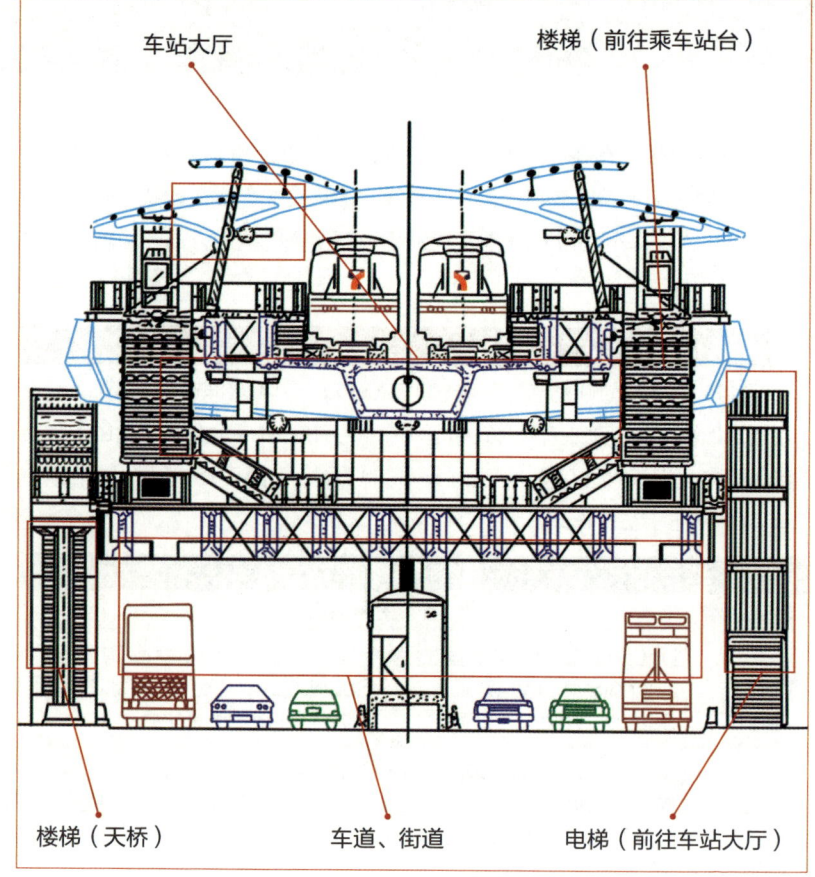

乘轻轨流程

① 寻找轻轨站

曼谷的轻轨站都有轻轨标志，轻轨标志由"BTS"及红、蓝两色类似于轨道一样的图案组成。

② 买票

轻轨票可以在售票处（Ticket Office）购买，也可以在自动售票机上购买，自动售票机有旧自动售票机和新自动售票机两种。

旧自动售票机　　　　　　　　　　　不同区间票价信息

步骤1：选择票价区间（Select Zone），可以根据售票机旁的轻轨线路图选择票价区间

M代表与地铁的换乘站

步骤2：投币（Insert Coin）

目前所在站点

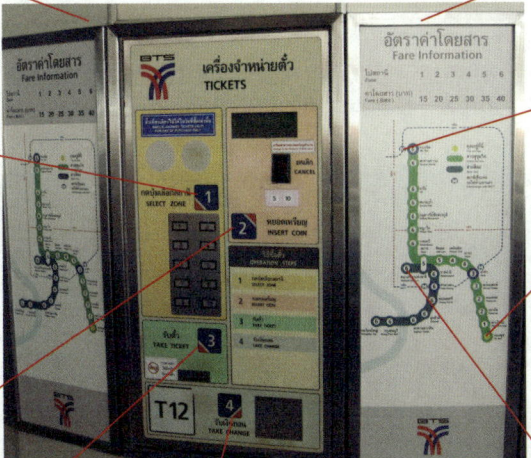

步骤3：取票（Take Ticket）　　步骤4：找零（Take Change）

图上圈内标有同样数字的轻轨站在一个票价区间，找到要前往的站点，看上面的数字，即可知道价格

PART 2　4大步骤详解出入境

 进站乘车

拿着购买的卡，在感应式的刷卡机刷一下即可进站。

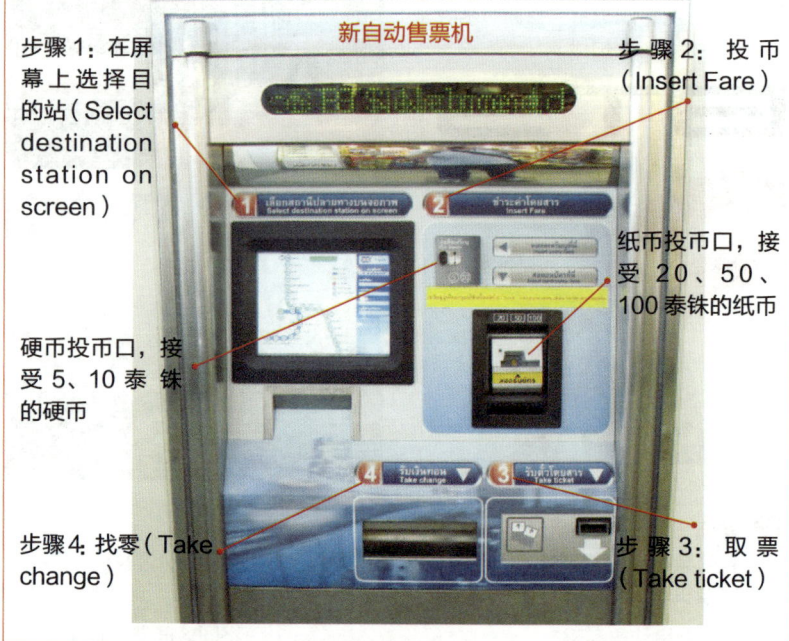

步骤1：在屏幕上选择目的站（Select destination station on screen）

步骤2：投币（Insert Fare）

纸币投币口，接受20、50、100泰铢的纸币

硬币投币口，接受5、10泰铢的硬币

步骤4：找零（Take change）

步骤3：取票（Take ticket）

④ 找到乘车站台

进站后，沿着指示可以乘电梯或走楼梯找到乘车站台，要找到准确的站台。站台的指示牌一般都有车辆的行进方向、下一站站名、线路名、站台编号等。

轻轨线路名称

站台编号

车辆行进方向

下一站站名

⑤ 出站
到站后，沿着"Exit"的标志即可出站。

★ 地铁

曼谷目前只有1条地铁线路，地铁每日运行时间为6:00～24:00，车票按照路程的远近计算，成人票大多为15～40泰铢，90～120厘米的儿童半价，90厘米以下的儿童免费。地铁1日票120泰铢，3日票230泰铢，30日票900泰铢。

tips

如果要买老人票或儿童票，需要到售票处购买，不能在自动购票机上购买。告诉售票员希望购买的车票后，售票员一般会拿出有票券图示的纸板让人确认，确认后付钱即可。

乘地铁流程

① 找到地铁站
曼谷的地铁标志为蓝色的圆圈内有个白色的"M"，地铁入口有泰文和英文对照的站名。

❷ 买票

地铁站内的售票处一般都写有"Ticket Office/Information"的字样,自动购票机大多为触屏式,可选择英文或泰文两种语言。在自动购票机购票时,按"1、2、3"的步骤操作,即可完成购票。

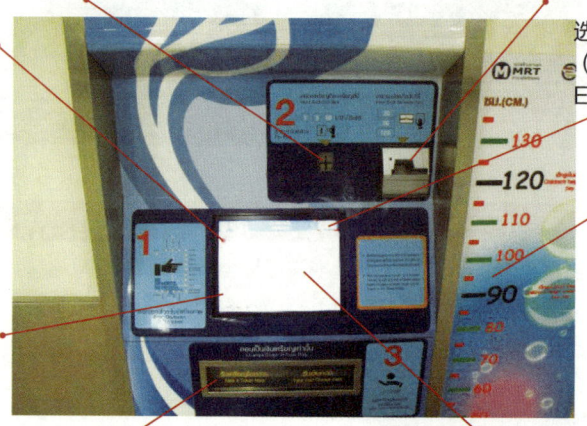

- 硬币投币口,可投 1、5、10 泰铢的硬币
- 纸币投币口,可投 20、50、100 泰铢的纸币
- 当前所在地铁站名(红色圈)
- 选择语言(可选 English)
- 选择目的站(选好目的站后会出现绿色的圈)
- 小孩买票量身高的地方
- 找零和取票口,找零时只找硬币
- 确认票价

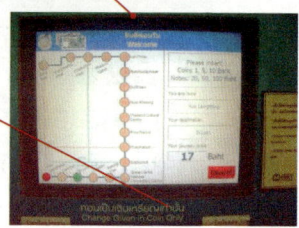

❸ 进站乘车

进入地铁站时,需要通过感应式的刷卡机,这与国内的地铁刷卡机类似。

❹ 找到地铁乘车站台

刷卡进站后，根据站内的指示标志，找到乘车站台。每个站台都有箭头指示行车方向，有下一站的站名、地铁路线等。

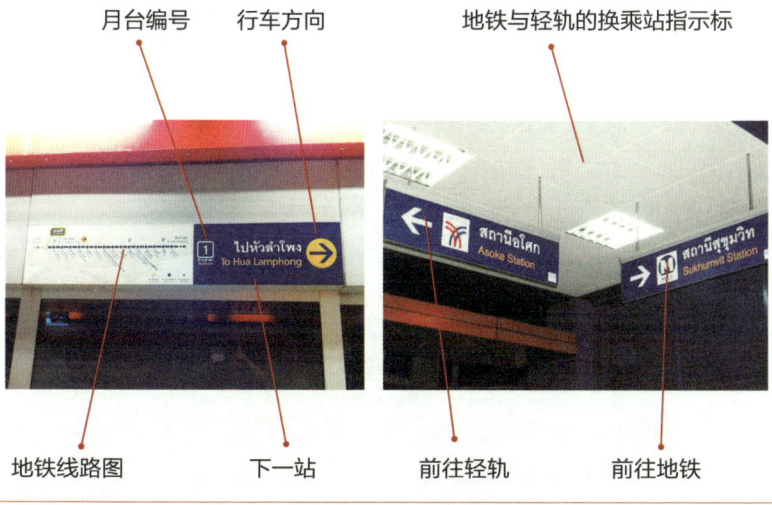

月台编号　　行车方向　　　　　　地铁与轻轨的换乘站指示标

地铁线路图　　　下一站　　　前往轻轨　　　前往地铁

❺ 出站

到站下车后，沿着 Exit 提示的出站方向走即可。出站时将圆形的地铁单程票投入感应式的机器中，就可以出站了。

★ 公交车

泰国的各个主要城市都有公交车,公交系统最为完善的城市是曼谷。曼谷的公交车有红、橙、蓝白、黄、蓝黄、紫、绿等颜色。

曼谷公交车概况	
种类	信息
红、橙、蓝白色车	不是空调车,分白天和午夜两种,白天票价为7泰铢,午夜加收1.5泰铢
黄色车	有空调,分段计价,起步价13泰铢
蓝黄色车	空调车,分段计价,前8千米11泰铢
紫色车	一种小巴车,有空调,自动投币,统一票价8泰铢,不设找零,坐满则不再载客
绿色车	统一票价6.5泰铢

tips

1. 在旅馆小卖部或书店可购买英、泰文对照的旅游图,图上标有主要观光地点和详细公交车路线。

2. 泰国的公交车上的司机和售票员大多不会说英文,在乘公交车前,可以请酒店的工作人员帮忙写好要前往的目的地的泰文名称,上车后,出示给售票员看,售票员告知价格。车票要保存好,因为下车时会检查。

乘公交车流程

① 找公交车站

泰国的公交车站牌上一般都写有"BUS STOP",站牌上一般写有当前站的名称、在此站经停的公交车路线名称,没有公交车停靠站的信息。

② 买票

有些线路的公交车票价固定,有些按里程计价。若有售票员,上车后不需马上付款,等其前来收钱;无人售票则自动投币。

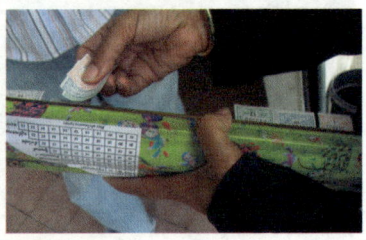

③ 到站下车

公交车基本不报站,在到达目的地前,可按车门旁边的下车按铃,司机即明白有人即将下车。

★ 公交船

泰国是一个河流密集的国家,船是其主要的交通工具之一。很多城市都有公交船,其中曼谷昭披耶河公交船(Chao Phraya Express Boat)是游客经常搭乘的交通工具,有橙线、黄线、绿线、蓝线和本地线(Local Line,无色旗)五条线,分别以船头船尾挂橙旗、黄旗、绿旗、蓝旗和不挂旗相区别。不挂旗的是慢船,每站都停;蓝线船为旅游观光专线;其他颜色为正常的公交快船,有选择性地停靠部分码头。

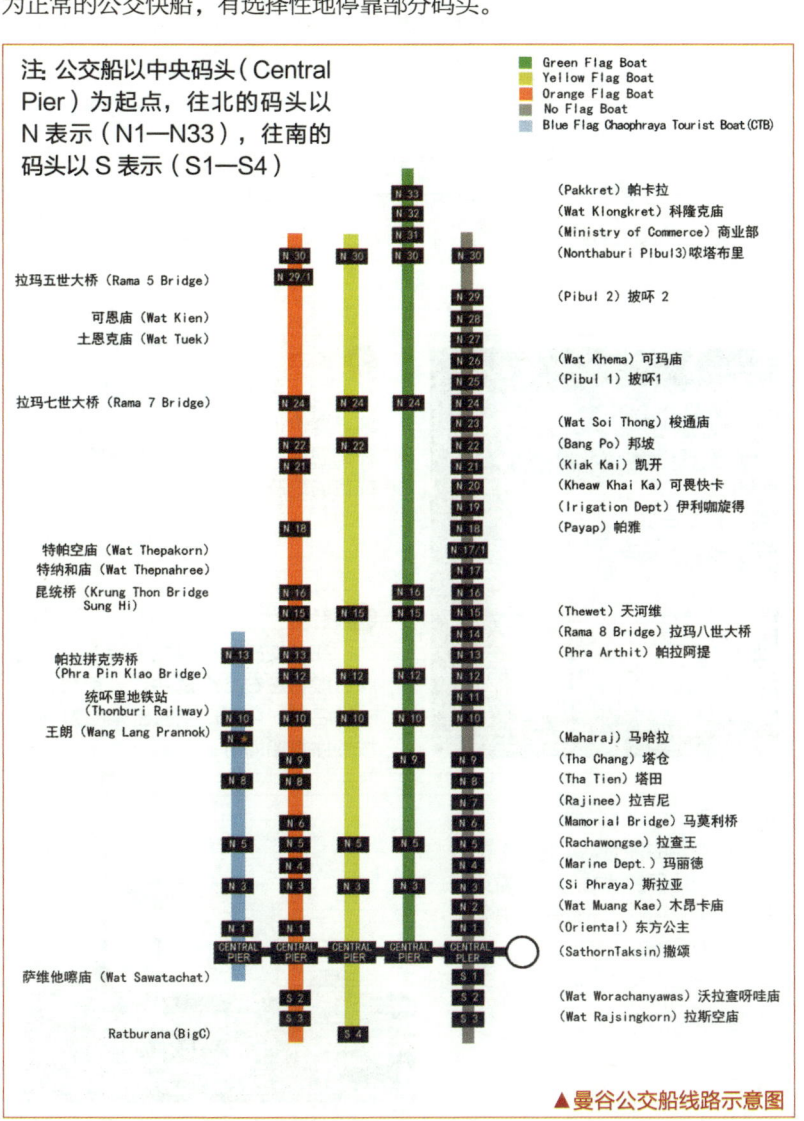

▲曼谷公交船线路示意图

tips

1. 乘坐公交船，一般先上船再买票，在中央码头、轻轨 Siam 站和 Saphan Taksin 站等主要码头，也可以在售票机和柜台上购票。在中央码头买票，可乘轻轨至 Saphan Taksin（S6）站，出站后往南朝河边走可到中央码头。在售票处可看见公交船的线路图，其中包括公交船的沿途经停站点、经停站点查询表、公交船的班次表等。

2. 公交船本地线依距离远近票价分为 10、12、14 泰铢，橙色线统一票价为 15 泰铢，黄色线依距离远近票价分为 20、29 泰铢，绿色线依距离远近票价分为 13、20、32 泰铢。1 日票为 150 泰铢（在 22:00 以前使用），可不限次数，不限船等搭乘。

3. 公交船一般 10～20 分钟一班，运行时间一般为 6:00～19:00，周末只有橙线船运行。

乘公交船流程

① 购票

可上船买票或在码头售票处买票，票价根据距离远近采用区段制。在购票前，先查看公交船线路图，选择目的地及班次。

② 登船

在公交船的停靠站（码头），站牌一般有左右 2 个箭头，分别写着下一站名称，可据此判断出乘船方向，按顺序登船即可。

③ 下船

公交船的停靠站（码头）都有编号，到达目的地站后，可看见写有站点编号和站名的牌子，沿着出站指示即可出站。

此站代码为 N9

站名

登机

NO.1 长途汽车预订

过来人经验谈

爱在驴途·男·自由职业者·大神级别

在曼谷巴士东站乘长途汽车去芭堤雅,车站有两种车,一种是蓝色的,中途不停,乘坐这种车要在车站购买车票;另一种是红色的,行驶途中有停靠站,乘坐这种车可以先上车,根据目的地不同在车上购买车票。从曼谷出发,大概2.5小时到芭堤雅,票价133泰铢。

旅行者-阿鬼·男·专业旅行者

泰国的长途汽车那叫一个便宜啊,从清莱到清迈3个小时的车程只要150泰铢(30多元人民币),豪华大巴车还提供矿泉水、威化巧克力还有湿纸巾,这服务再搭配这价格,简直要疯了!

夏天的末儿·女·只是爱旅行,没有环游世界的勇气

从清迈到普吉的长途汽车1900泰铢,约人民币400元,坐的是Green Bus,我猜想这是泰国最好的Bus了。因为它比NCA贵,但400元纵横泰国南北,性价比还是比国内的高。从清迈到普吉要22个小时,乘务员只在车上发放零食,司机会在吃饭时间把车开到停靠点,让我们凭票去吃饭。

丁丁&兔·女·气质单身女孩儿

出发前听说NCA夜间大巴的车票非常难买,所以我就在淘宝网上提前20多天买好了曼谷、清迈往返的车票。2个人花了380元人民币,淘宝店家代理费 15 元/人，比较合理，店家第二天就发给我选了座位的车票的 PDF 文件，上车时出示给检票员扫个条码就行了。

★ 畅行泰国的长途汽车线路

泰国的长途汽车线路分为东方线、东北线、南方线、北方线四条干线，四线相连，组成了泰国便利的公路交通。长途汽车有空调车和非空调车两种，车厢内有座位和卧铺位，一般线路比较长的长途汽车（行程在 10 个小时以上的汽车）都有卧铺票买，长途汽车的站牌大多是泰文，很多工作人员的英文也不是很好，乘坐长途汽车有一定的难度。

泰国长途汽车线路信息			
路线	发车站	发车地点	途经区域
东方线（Bangkok's Eastern Bus Terminal）	曼谷巴士东站发车（近空铁捷运站 E8）	Sukhumvit Road	帕塔亚海、芭堤雅、罗勇、沙美岛等
东北线（Bangkok's Northeastern Bus Terminal）	曼谷华南蓬火车站和曼谷巴士北站发车	Phaholyothin Road	乌汶等
南方线（Bangkok's Southern Bus Terminal）	曼谷巴士南站发车	Boromrat Chonnani Road	苏梅岛、普吉岛、苏拉塔尼等
北方线（Bangkok's Northern Bus Terminal）	曼谷巴士北站发车（近空铁捷运站 N8）	Kamphaeng phet 2 Road	大城、素可泰、清迈等

★ 长途汽车预订流程

泰国的长途大巴公司非常多，Sombat 是比较知名的大巴公司，有 24 座豪华车，价格比 NCA 便宜，可以尝试的哦。大巴公司中以 NCA（Nakhonchai Air）的服务最受人称道。NCA 是大巴公司中唯一要对行李做安检的。NCA 车票，可提前在其官网购买。

1 登陆 NCA 官网：www.nca.co.th，点最下方的泰语进入下一页面

② 在页面左栏选择"Online Ticketing"进入下一页面

③ 出现泰语页面,在右上角点美国国旗,语言可转换成英语,出现是否接受条款的页面,选择"接受(Accept)"后,按"OK"

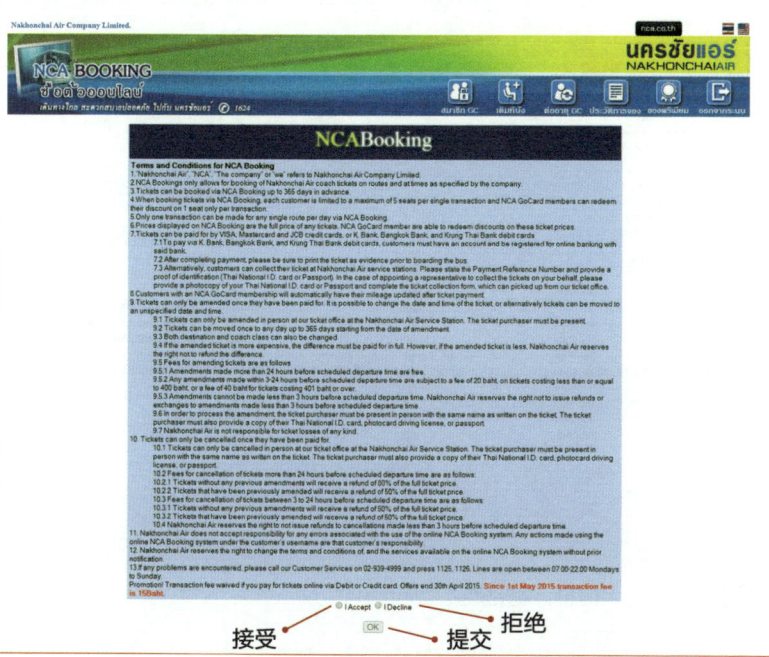

接受　提交　拒绝

④ 在出现页面中,按要求输入长途汽车相关信息。若要从曼谷出发或到曼谷,选"Mochit"。选好后,点"Reservation",在出现的泰语页面,点"确定"

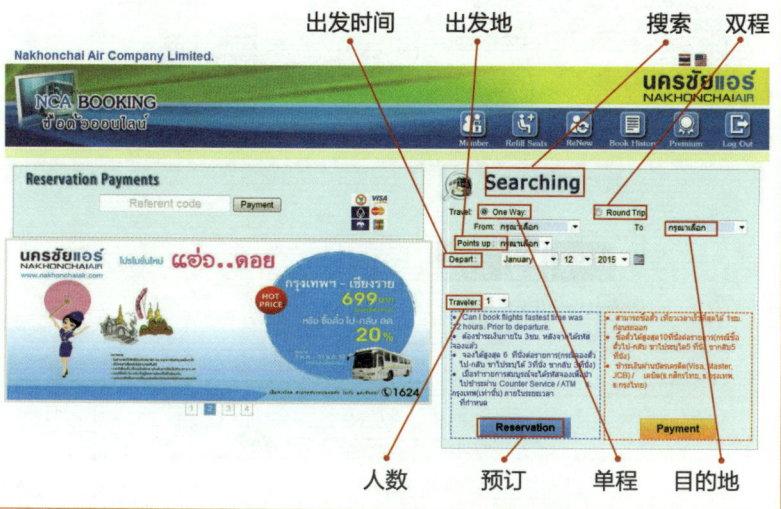

出发时间　出发地　搜索　双程

人数　预订　单程　目的地

❺ 选择出行时间及价格，点"Continue"；若需要重新搜索线路，点"Find routes"

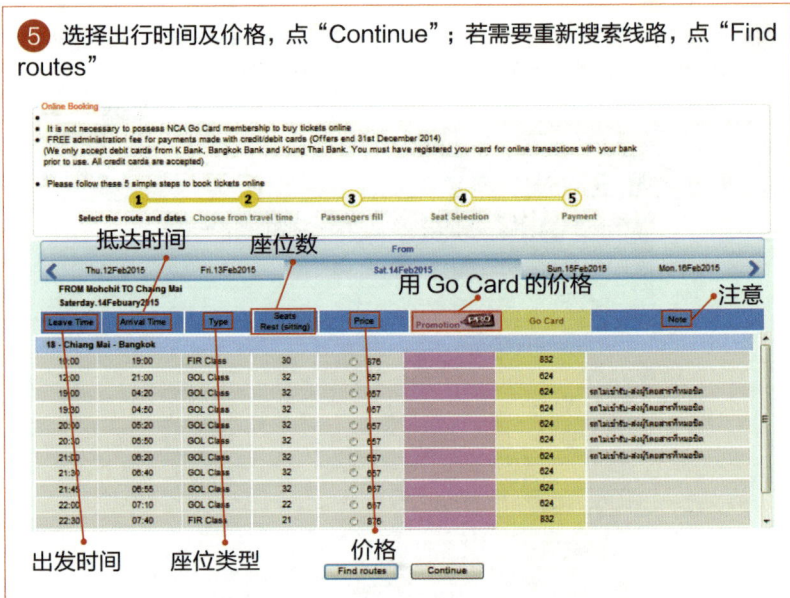

❻ 填写乘坐人信息，填完点"Continue"

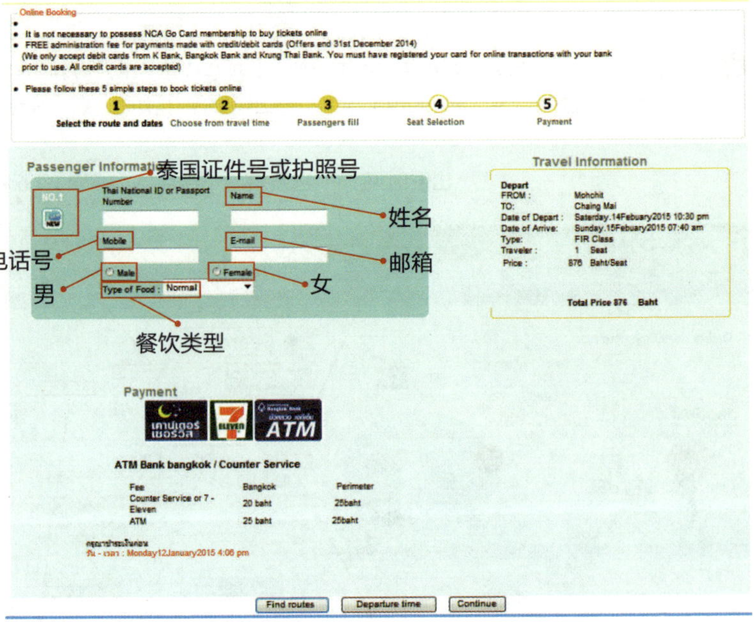

❼ 进入选座位页面，红色是系统安排的座位，如果不喜欢这个座位，还有"BeatSeat 2""BeatSeat 3"可选，选好后进入下一步

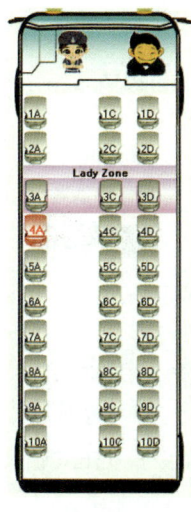
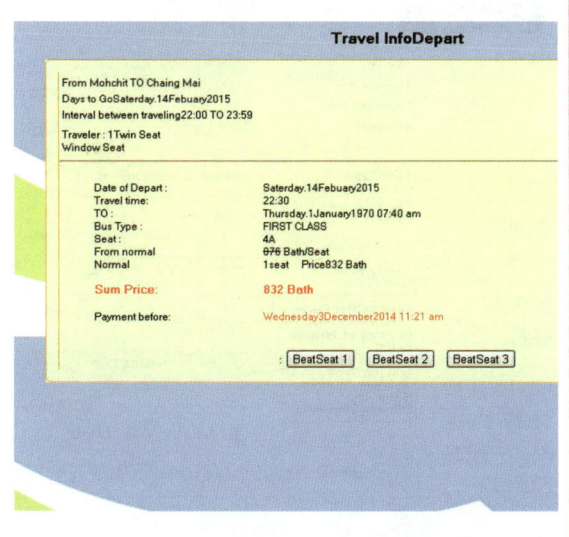

❽ 进入支付预览页面，邮箱同时会收到一封订单确认邮件。查看订单号，核对购票信息，确认无误后，点"Payment"

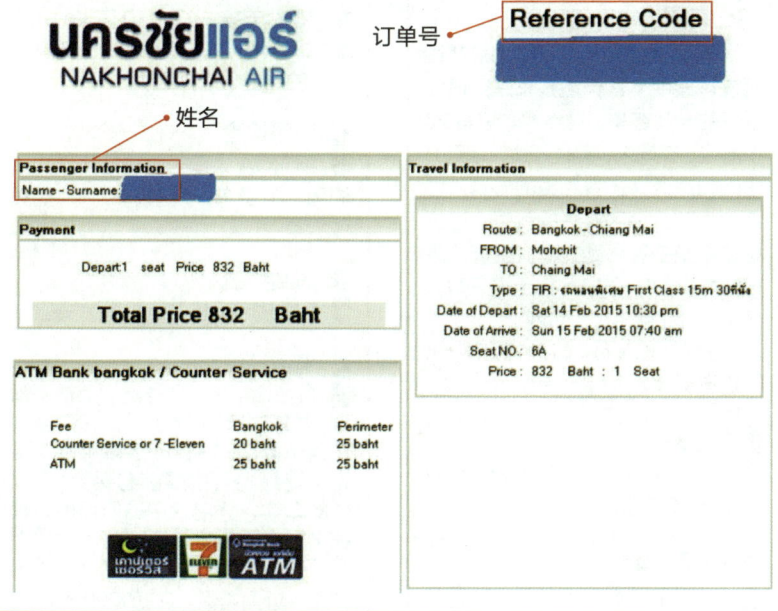

⑨ 进入支付页面，按要求填写相关信息，点"PAY NOW"

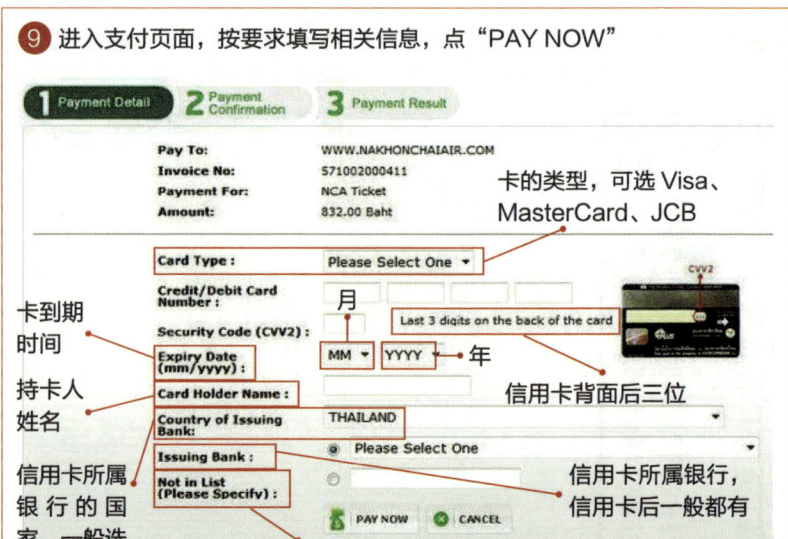

⑩ 付款成功后，可以看到有车票信息的页面，邮箱也会收到。把这个页面保存成图片，去泰国的时候打印出来，拿着护照就可以上车

管家提示

泰国大部分长途汽车的舒适性稍差，其中 VIP 长途客车是舒适性最好的一类客车。这类客车只有 24 个座位，空间大、座位舒适，带有卫生间和空调，还有免费的餐饮。考虑到大部分地区炎热的气候，建议尽量乘坐空调强劲的车。坐那些旅行社提供给你的 Mini 巴士很危险，经常睡醒了就不见了东西。

乘坐 NCA（Nakhonchai Air）的注意事项：

1 行李限制
每个乘客可以带两件行李，重量不超过 20 千克。

2 小朋友票价
90 厘米以下的小朋友可免费乘车，但是无座；90~130 厘米的儿童需购买半价票，有座位；130 厘米以上的儿童要购买全票。

3 护照检查
乘 NCA 大巴，去车站买票需要护照，但坐车不会查护照，只要凭付款单上车。

4 车站购票
到车站可以购买 30 天以内的车票。

5 电话订票
打电话订票，9 号键为英语。预订好对方会给你一个号码，到当地任何一家 7-11 便利店就可以直接购买。最多可以提前购买 50 天以内的车票，凭电话中的所得确认码在 7-11 便利店付费，凭付款单上车，7-11 便利店会收取 20 泰铢手续费，订票电话：027900009。

NO.2 火车票预订

过来人经验谈

爱在驴途 · 男 · 自由职业者 · 大神级别

在这次的泰国自助游中,我选择了火车作为主要出行交通工具,因为淡季人不多,价格便宜,车况还可以,时间虽用得多些,但旅程基本不受影响。从曼谷到芭堤雅大概150千米,车票只要31泰铢,折合人民币不到7元,简直太便宜了。车厢内有兜售商品的小贩,不属于铁路职工,也没有人驱赶他们。一路上的景观都很不错,经过的火车站都是敞开式,任人随意出入,车站五彩纷呈,很漂亮。火车在行驶中,车门是开着的,坐在车门附近可要小心。值得一提的是,虽然火车条件看起来很"差劲",但卫生间居然还有手纸供应,出乎意料,从心底里佩服他们人性化的服务。

旅行者-阿鬼 · 男 · 专业旅行者

泰国大城、曼谷、清迈的火车站都非常文艺,哪怕不去坐火车,只是去拍照也很不错。从车站正门到正常上车需要30秒左右,没有检票没有安检,跟公交车一样,上车之后再检票。下车之后出站也用不了1分钟的时间。

夏天的末儿 · 女 · 只是爱旅行,没有环游世界的勇气

廊曼火车站就位于廊曼机场对面,有很多开往大城的火车,同时大城也可以说是通往泰国北部如清迈等城市的火车的必经之路。如果有乘火车从曼谷到清迈的安排,不妨试一试将古老美丽的大城放在你的行程里。火车票票价非常便宜,才11泰铢/人,换算成人民币不过2块钱。坐的就是《泰囧》里面的那种绿皮火车。

PART 3 境内预订,看这些就够

★ 畅行泰国的火车线路

泰国铁路以曼谷为中心,有 4 条国立铁路(State Railway of Thailand)干线,分别向北部、东部、南部和东北部延伸,北部可到清迈、东部可到老挝、南部可到马来西亚。火车按行驶速度分为 ORD(普通列车)、DRC(柴油列车)、RAP(快车列车)、EXP(特快列车)、SP EXP(超级特快列车)五个等级;车厢有一等、二等、三等之分,一等车厢只有夜班卧铺特快才有,二等车厢有卧铺和座位,三等车厢是座位;按座位分为一等卧铺、二等卧铺、二等座位、三等座位等八种级别。泰国的火车票全国联网,可以在任何车站买到提早 60 天的任何方向的火车票。

泰国火车线路信息

名称	起点和终点	主要站点	备注
东线	曼谷至柬埔寨境内的亚兰(Arany aprathet)	查强(ChaChoengSao)、马德望(Battambang)	有快车和特别快车
北线	曼谷至清迈	大城(Ayuthaya)、华富里(Lopburi)、彭世洛(Phitsanulok)、南邦府(Lampang)	特别快车行车时间约 14.5 小时
东北线	曼谷至老挝境内的诺凯(Nong)	大城(Ayuthaya)、呵叻(Nakon Ratchasima)、孔敬(Khon Kaen)、廊开(Nong Khai)	特别快车行车时间约 11 小时
南线	曼谷至吉隆坡、新加坡	以曼谷为起点,沿着暹罗湾的马来半岛南行,途径七岩、华欣、合艾,最后到达吉隆坡、新加坡	到吉隆坡和新加坡有梦幻列车和东方快车

▲泰国火车线路平面示意图

火车车厢概况	
等级	特色
一等车厢	每个包间有上下两个卧铺，白天下铺会变成座椅，上铺变成座椅靠背，小包间内有空调、洗手台
二等车厢	分带空调和不带空调两种，有卧铺和软座，白天是面对面的软座，晚上座位变成卧铺，一些特别快车的票价中包含便餐、咖啡和软饮料服务
三等车厢	一般是快车有，速度比特别快车慢。很多乡村间的火车或短途火车三等车厢比较多，长线火车也有，但比较少。三等车厢有空调和非空调两种。空调车比较凉快，但非空调车可以开窗户，更适合于观看沿途风景

从曼谷坐火车去清迈

曼谷—清迈火车最佳时间：Special Express Train 19:35 ~ 09:45/18:00 ~ 06:15；价格，卧铺（上）791 泰铢，卧铺（下）881 泰铢，坐票 611 泰铢；

每天有 5 班火车往来于曼谷和清迈之间，分快车（rapid）、特快（express）及加特快（special express），一定要提前买票。

从曼谷坐火车去华欣

从曼谷华南蓬火车站前往华欣车程大约 4 小时，最快的车大约 3.5 小时。

曼谷—华欣部分火车时刻表			
华欣出发	曼谷抵达	曼谷出发	华欣抵达
00:47	05:00	08:05	11:11
01:12	05:20	09:00	13:00
01:32	05:35	13:00	17:10
02:04	06:05	14:45	18:21
03:48	07:55	15:10	19:08
04:17	08:35	15:35	20:11
04:51	09:05	17:05	20:43
05:20	09:35	17:35	21:37
05:44	09:55	18:20	22:02
16:38	20:40	19:30	23:19

从曼谷坐火车去普吉

泰国的火车线路尚未通达普吉,如果游客选择坐火车前往普吉,可在曼谷华南蓬火车总站搭乘南方线列车先到素叻他尼(Surathani),火车二等空调车478泰铢。而后在素叻他尼转乘长途汽车前往。火车站前有空调巴士至普吉岛,车程3小时,空调巴士的车费约180泰铢。

★ 获取搭乘火车的技能

1. 买票

泰国火车票不能在网上预订,只能到火车站的售票窗口购买。在去火车站买票前,可先登录泰国铁路局官网(www.thailandtrainticket.com)查询火车路线、车次、时刻表、票价等,查好后再去窗口购票。

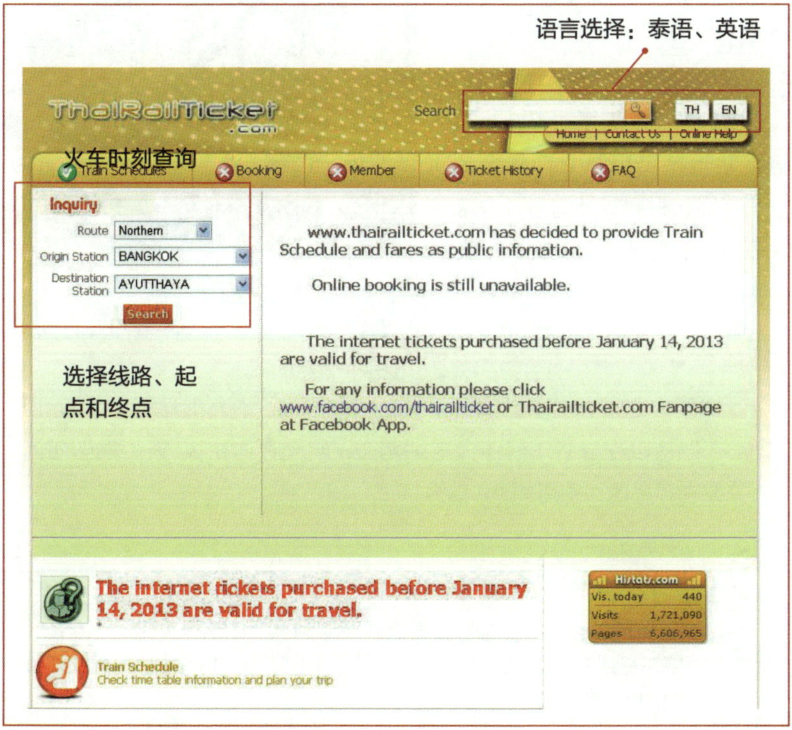

2. 确定乘车站点

有些城市不只一座火车站，根据车票信息，提前确定乘坐车站。

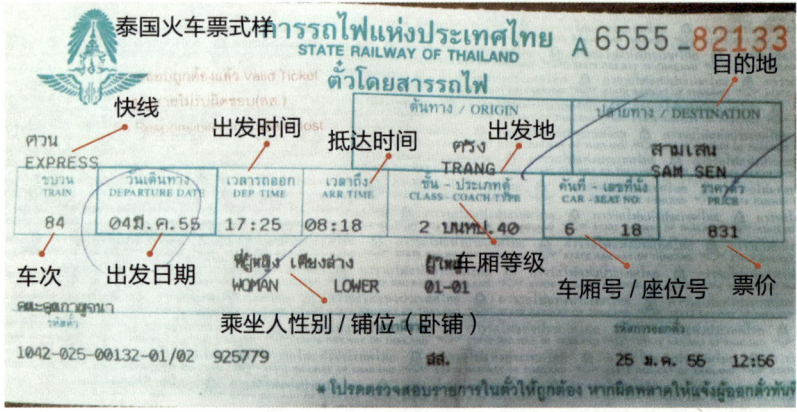

3. 车站乘车

提前 30 分钟至 1 小时到火车站候车，找到乘车站台。进出站都不用检票，上车后列车员会检票。

4. 到站

泰国的火车大多不报站，即使报站也是只用泰文。在火车上，可提前与列车员沟通，也可以记住目的地站点的泰文，一般就不容易坐过站。泰国的火车一般都会晚点，要做好心理准备。

> **tips**
>
> 如果你主要依靠火车旅行，有一种省钱的"火车通行证（Train Pass）"可以在曼谷华南蓬火车站购买，它允许你在 30 天内乘坐任何二等或三等车厢，费用 1500 泰铢。

管家提示

泰国火车票不能在网上预订，可以在出发前通过网站让人代购火车票，让卖家直接邮寄到你预订的泰国酒店，代购费用也不会贵得夸张，一般比票面价大概贵 50 元人民币。

NO.3 机票预订

爱在驴途·男·自由职业者·大神级别

　　泰国国内的机票，我们出发前就在国内预订了，选择的是亚航的航班，当时单程好像是300多泰铢，相当便宜。从曼谷去甲米比较顺利，但从甲米回曼谷的时候遇到了一点小问题，这个问题主要出现在我们买的"行李票"上。知道我们的行李会超重，在购票时就已经买了行李票，但办理登机手续时，工作人员说查不到我们购买行李票的信息，好像说我们买错了，买的不是行李票。当时我们也没办法查实是什么情况，就问工作人员，我们要托运行李应该怎么做。最后只能再买行李票，行李票的钱还要到另外一个柜台去交，最后虽然搞定了，但过程挺折腾人的，而且还损失了一部分的钱。所以，下次乘坐亚航航班时，每一项选择都要看清楚，避免出现我们这样的情况。

★ 常用的热门机票预订网

　　在泰国，购买机票可以到曼谷航空、飞鸟航空（Nok Air）、One-Two-Go航空等热门网站，这些网站基本都可以查找航班时刻、在线预订机票。

PART 3 境内预订，看这些就够

泰国常用的热门机票预订网推荐

名称	网址	特色
曼谷航空	www.bangkokair.com	泰国首家经营国内线的非国家航空公司，有前往曼谷、清迈、苏梅、甲米等地的航班
飞鸟航空	www.nokair.com	只飞泰国国内线，以曼谷为中心，飞机造型很特别
泰国国际航空	www.thaiairways.com.cn	泰国最大的航空公司，含泰国国内线、区域航线及洲际航线等
SGA（泰航子公司）航空	www.sga.co.th	专走泰北路线
One-Two-Go 航空	www.fly12go.com	以经营泰国国内航线为主的航空公司，航线全都采取统一票价
泰国东方航空	www.flyorientthai.com	这是一家经营定期国内或国际航线的航空公司，总部设于泰国曼谷，中国的广州、昆明、贵阳、南宁、成都等城市都有它旗下的航班运行于泰国
普吉航空公司	www.phuketairlines.com	这是一家以泰国曼谷为基地的航空公司，以经营国内和国际定期航班及国际非定期航班为主

★ 图解泰国境内机票预订流程

① 以飞鸟航空为例，先登录其官网（www.nokair.com），按要求输入信息，确定出行路线和日期，完成后点"SEARCH"

❷ 选择航班，右上角会显示所有待付款金额列表，点"CONTINUE"

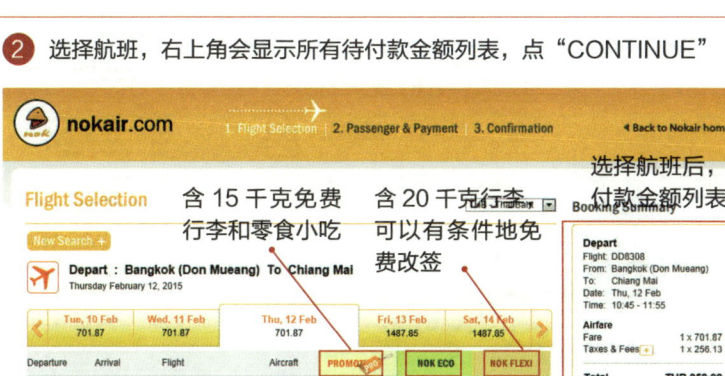

❸ 选择是否增加额外服务，输入乘客信息、联系信息，选择支付方式，在页面左下角方框处打钩后，点"BOOK NOW"

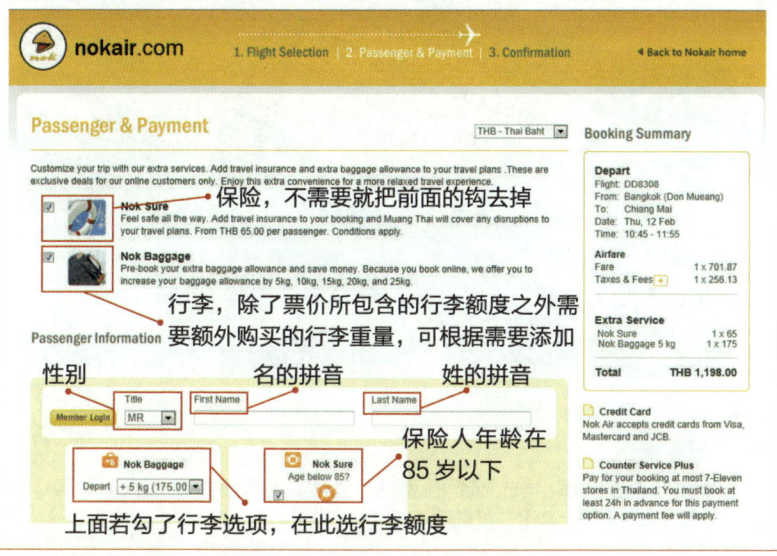

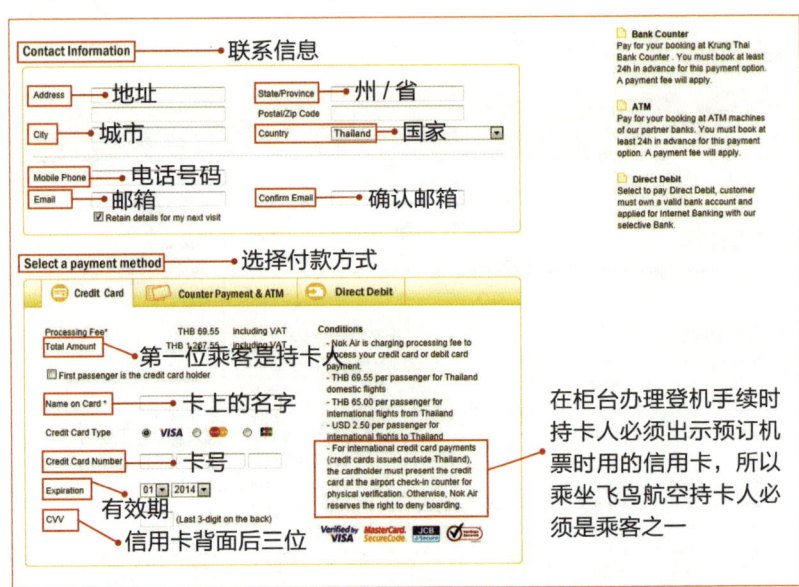

④ 页面显示预订成功，邮箱也会收到邮件。在页面输入名的拼音和机票行程单编号，进入之后可以进行航班信息查看、改签、增加行李额、选座等操作

管家提示

如果行李多，超出航空公司免费的行李额，一定要提前在网上购买行李票，在网上订票时购买比登机前购买便宜。

NO.4 旅行团预订

过来人经验谈

爱在驴途・男・自由职业者・大神级别

在泰国跟团旅游没什么特别的，和国内差不多，当地导游都会安排好的，交流也不会有问题。导游一般都会带去购物店购物，皮具、宝石、燕窝之类的东西可以去看看，买倒没有太大必要。提一下泰国毒蛇研究中心的蛇药，那是每个到泰国的旅行团必须要去买的，很多人都说泰国蛇药值得买，好像是5800泰铢吧，有点贵，看个人需要。买东西最好刷银联卡，它是直接按当天汇率转成泰铢消费的，没有手续费，最划算。可以和导游用人民币换泰铢，汇率比银行低，好处是花剩的泰铢可以再原价换回人民币。

★ 在泰国怎样报团

泰国观光局在很多观光地都设有旅游服务中心，可咨询报团等信息。在机场一般都设有提供中文服务的旅行社柜台，可以报名参加他们的旅行团。泰国各主要城市的唐人街，也有不少华人旅行社。此外，还可以参阅曼谷的《星暹日报》《亚洲日报》《世界日报》等中文报纸，寻找华人经营的旅游公司。很多旅行社都提供网上报名服务，可通过网络提前预订。

★ 泰国知名地接社

泰国旅行社非常多，很多都提供中文旅游服务。选择旅行社，以信誉高、服务好的旅行社为主。

PART 3 境内预订，看这些就够

泰国知名地接社推荐

名称	特色	资讯
爱泰旅游	曼谷的中文旅游公司,提供泰国旅游、特价门票、租车等服务	网址:www.thai163.com
泰度国际	泰国最大的一站式中文自由行平台	网址:www.visit-thai.com
比利叔叔旅行社	旅行社服务人员均为泰籍人士,能用中文普通话服务,提供中文导游、免费清迈中文地图、轿车及摩托车出租等服务	地址:131/3 Moonmuang Rd., Chiengmai(清迈塔佩门正北250米)
泰国东方旅行社	代办旅游活动和普吉岛部分酒店预订	网址:www.thaiorientalgroup.com
世泰旅运	提供自由行及团队行程、租车、酒店、机票预订等服务	网址:www.shizthaitravel.com

★ 跟团游经典线路

时间	线路
一日游	清迈—清莱(金三角)
一日游	曼谷
三日游	曼谷—芭堤雅
四日游	曼谷—大城—清迈
四日游	普吉岛—皮皮岛—甲米岛

 管家提示

　　在泰国报团,其实不一定要找所谓的旅行社,街上有很多旅游代理可以解决旅游问题。但不要找繁华地区的旅游代理,这些地方的代理开价很高。报团前可先了解一下所去线路的大致价格,可以和店家砍价。泰国旅游代理都是很正规的做生意的人,一般不会坑人。报团可以提前一天预订。

帕辛寺

Part 4
吃货教你吃"泰"餐

NO.1 泰国有什么好吃的

过来人经验谈

爱在驴途·男·自由职业者·大神级别

泰国美食很多，我特别喜欢这里的水果和各种甜品。这里的水果一年四季都有，很多都是我们叫不出名的，喜欢吃山竹、菠萝蜜、石榴果、西番莲和红毛丹等水果。说到甜品，种类非常多，多以鲜果、糯米、鸡蛋为主要原料，香甜可口，炎炎夏天里，这些甜品无疑是最佳的清凉消暑美食。

旅行者－阿鬼·男·专业旅行者

我到了泰国之后就不喝饮料了，都是喝鲜榨的果汁，才合4元人民币一杯。夜市上的烤鱿鱼跟咱家装鱼的盘子一样大，不过没有那么宽，只有正常男人手掌那么宽，价格才合9元人民币。另外，泰国也有很多高仿货，不过不用担心，泰国卖东西的人会告诉你什么是真货什么是仿制的，什么是二手的，人非常好交流！别看他们一身文身、耳朵打孔，其实都非常有礼貌。

夏天的末儿·女·只是爱旅行，没有环游世界的勇气

大家到清迈都会去吃千人火锅，我也不可避免地去凑了热闹。不过我对千人火锅没什么太好的感觉，白水汤底，就是白灼海鲜的感觉。中国同胞很多，但是那里的老板会给泰国人留座，将靠近晚间歌舞表演舞台的位置全留给泰国人，这细细想来还是让人觉得有些不高兴。

丁丁&兔·女·气质单身女孩儿

说实在的，本来我对辣味不是很感兴趣，但是突然发现泰国的调料实在是太好吃了！大爱鱿鱼炒饭，添加各种调料。还有各种水果，便宜得跟白捡的一样，不吃白不吃。

★ 平常都爱吃这些

菠萝饭
主要原料是菠萝、泰国香米等，色彩丰富，米饭中透着丝丝甜味，十分可口。

杧果糯米饭
新鲜的杧果，软糯的米饭，水果与米饭的完美结合。

泰式炒河粉或炒面
泰国河粉加上香料、鸡肉、蔬菜、鸡蛋等材料同炒而成，通常与辣椒醋搭配食用。

猪肉肠
主要由猪肉、大蒜、胡椒制作而成，经过烤制后外皮变得很脆，口味适中。

煎鱼饼
由鱼肉、鸡蛋、四棱豆混合煎炸制成，一般搭配黄瓜和酱汁食用，咸淡适中，比较迎合中国人的口味。

烤肉
主要由猪肉、鲜奶、大蒜、胡椒混合烤制而成，一般搭配糯米饭食用。

烤丸子
可以当小吃，大多数都是在路边售卖，加入甜酱、辣酱等可增色不少。

沙嗲肉串
这种肉串在泰国街边摊卖得很好，口味清淡，带有果香。

烤椰塔
一种将浓稠的椰粉、米的粉末、鸡蛋和糖混合后放在塑模的陶锅里煮的街头美味甜食，许多街边小摊都有卖。

青木瓜沙拉
泰国最具特色的小吃，从原材料到做法极具泰国风情，清脆中带韧劲，口感微甜中带些清苦。

水果
水果是泰国人日常饮食中不可或缺的食物，榴梿、香蕉、菠萝、火龙果、杧果、木瓜、菠萝蜜、龙眼、山竹等都是泰国常见的水果。

★ 地方特色辣、酸、甜

冬阴功汤

最具代表性的泰式海鲜汤品，汤中的主料常采用明虾或墨斗鱼等海鲜，口感酸辣。

咖喱炒蟹

泰国名菜，切块的红蟹、配菜、咖喱和各式香料共炒，整道菜香辣而带酸味，口感爽脆，十分开胃。

泰式火锅

以汤底或蘸酱为主要味道的泰式火锅，任何食料都可以搭配，口味酸辣，特别适合在冬天吃。

泰式椰汁鸡汤

曼谷名汤，已有数百年的历史。利用椰奶代水煮汤，风味别具一格。

燕窝汤

泰国的燕窝主要产于南部的素叻他尼府的一个叫"万伦"的地方，燕窝汤在泰国却随处可见，其口感甜爽。

用餐常用词语中英文对照			
中文	英语	中文	英语
菠萝饭	Pineapple Rice	菠萝	Pineapple
炒饭	Fried Rice	蚝、牡蛎	Oyster
牛肉饭	Rice With Beef	鱿鱼、枪乌贼	Sleeve-fish
咖喱	Curry	对虾、明虾、大虾	Prawn
咖喱鸡	Chicken Curry	龙虾	Lobster
冬阴功汤	Tom Yum Kung	嫩煎的	Saute

管家提示

泰国菜有四大菜系，分别为泰北菜、泰东北菜、泰中菜、泰南菜，反映泰国四方不同的地理和文化。

泰国菜系特点		
菜系	特色	名菜
泰中菜	以首都曼谷为中心，食料较新鲜，调料通常较甜，传统主食是米饭与各类的米制品、炒饭	冬阴功汤、椰奶汤、泰式红咖喱、泰式绿咖喱、九层塔炒鸡
泰北菜	以清迈为首，传统主食是以米浆制成的米糕，菜肴以具有中国西南部风味的腌生猪肉或咖喱及色拉为主要特色	咖喱汤河粉、酸肉
泰东北菜	邻近高棉，菜肴口味浓郁且辛辣，也会采用比较怪的食料	泰北辣肉、青木瓜沙拉、生肉沙拉
泰南菜	当地人菜有口味较重，调料味较浓，有时带酸，特色菜多以咖喱烹海鲜为主	泰式黄咖喱、鱼咖喱、泰式伊斯兰咖喱

NO.2 怎样找到中餐馆

过来人经验谈

爱在驴途·男·自由职业者·大神级别

泰国唐人街自然是吃中餐的好地方,在各城市的主要商业街一般也能看到中餐馆的招牌。在泰国,有红色和黄色相间的招牌基本上就是华人开的店,如果招牌上有中文字样,很有可能也是中餐馆。

★ 曼谷中餐馆推荐

曼谷中餐馆推荐		
名称	特色	资讯
Somboon seafood（Samyan）	相当有名气,咖喱蟹和炒含羞草很受欢迎	地址：315 Chamchuri Square Building, Phya Thai Road Patumwan 交通：乘地铁在 Sam Yan 站 2 号口出,进商场可见
鼎泰丰	正宗粤菜风味的餐厅,可尝到各种正宗的粤式点心	地址：Oriental Hotel，Charoen Krung Soi 38 交通：轻轨 Saphan Taksin 站 营业时间：11:30～14:30、19:00～22:30
丝绸之路餐馆	正宗的粤菜餐厅,有各种粤式点心	地　址：61 Wireless Road（Witthayu），Plaza Athénée 交通：轻轨 Phloen Chit 站
香格里拉餐厅	提供传统的广式点心以及糖醋食物	地址：306 Th Yaowarat 营业时间：10:00～22:00

PART 4　吃货教你吃「泰」餐

★ 清迈中餐馆推荐

清迈中餐馆推荐		
名称	特色	资讯
辣子村川菜馆	清迈第一家川菜店，中式装修，有单独包间	地址：141/8 Rajadamnern Road 营业时间：11:00～14:00、17:00～22:00，周一休息
群耕缘素食	提供素食，有多种创意料理	地址：3/2-3 Sriphum Road,T.Sriphum,A. Muang 电话：0965204008 营业时间：9:00～20:00
谢同兴餐厅	清迈最出名的潮州菜餐厅，价位不高	地址：222,M.5,Chiang Mai-Lampang Road, Farham,Muang 营业时间：10:00～22:00 网址：www.jiarestaurant.com

★ 普吉岛中餐馆推荐

普吉岛中餐馆推荐		
名称	特色	资讯
福州炒面店	提供可口的面条，价格相对较贵	地址：普吉镇 Metropote 酒店对面、钟塔附近 营业时间：10:00～18:30
Hong Kong Restaurant	港式餐厅，推荐海鲜	地址：22 Ratsada Road Muang Phuket.,Phuket Town
99 海鲜饭店	老板是福建华裔，推荐品尝一下烤生蚝、龙虾粥、咖喱蟹、菠萝炒饭、鱼翅等	地址：Patong Seafood Court, Rat-U-Thit Road,Patong

管家提示

在泰国吃中餐，比在中国吃泰餐便宜，建议不要选择贵价菜，想要吃好可以选择粤菜、川菜等。泰国有许多中餐厅的菜的味道和口碑都不错，如"鼎泰丰""永和豆浆"等，有时去的泰国人比中国人还多。

NO.3 找餐馆有技巧

过来人经验谈

爱在驴途·男·自由职业者·大神级别

甲米的步行街晚上如同一个夜市，商品从吃的到用的、从穿的到玩的，应有尽有。吃饭的地方集中在广场，广场最前面有高高的舞台，舞台周围摆满了一排排的桌子和椅子，四周分布着很多美食店和饮料店，可以自己找一个视野好的地方，买好东西拿到这些桌子上，边吃东西边看表演。当然，这里的表演都是当地的人组织的，精彩程度一般，但很热闹也很有氛围。

夏天的末儿·女·只是爱旅行，没有环游世界的勇气

我是个习惯早起的人，更何况泰国的中午非常热，还是早上更有胃口啊。我在清迈的时候去了那里的早市，瞬间就忘记了自己游客的身份，融入到了普通泰国人的清晨中。最重要的是好吃和便宜，满满一杯的超大杯奶茶才合人民币3元，排着长队的米粉也不过才合人民币4元，还有8元杧果糯米饭，数不清的鸡排、鱼排、烤海鲜，便宜又好吃，还能体会实实在在的泰国风，在泰国逛早市，真的是有超大惊喜呢。

★ **常见的泰国餐馆类型**

在泰国，可以到正式餐厅、快餐厅、街边的大排档和小吃摊、夜市和水上市场、商场里的美食中心等地用餐。品尝泰国美食最好的去处是泰国本地风味的餐厅、街边大排档和小吃摊、夜市和水上市场等，这些美食地都非常受游客的青睐。

正式餐厅

一般都有明显的招牌，店内有空调，内部装饰讲究，餐具统一。

泰国本地风味的餐厅：品尝泰国的特色美食。

国际风味餐厅：日本、意大利、美国、法国、印度、中国、韩国等国家的风味餐厅。

供应：蔬果菜肴、肉类和海鲜等，鱼、虾、蟹一般是餐厅的主打菜肴。

小费：一般要给。

快餐厅

国际连锁快餐集团：最为典型的是肯德基、麦当劳、汉堡王、必胜客、当肯甜甜圈、米斯特甜甜圈等快餐店，价格都比国内要便宜一些。如果吃不惯泰国美食，去这些地方用餐也是很方便的。

泰国快餐店：Magic Food Court等，提供的是地道的泰式美食，价格便宜，在机场就有店面。

小费：可以不给。

街边大排档和小吃摊

街边的大排档和小吃摊：品尝地道泰国民间美味的最好去处，摊档分布在城市的各个街道、小巷两边，大多为露天的，贩卖的都是泰式传统小吃。

美食：各种地道的泰国风味，烤肉、烧鸡腿、烤鱼、烤龙虾、烤海蟹、烤香蕉、烤鸡蛋、竹筒饭、炸椰子丸和枣椰丸等。

营业：基本都营业至凌晨。

夜市和水上市场

泰国的夜市和水上市场：买特色商品，吃特色小吃，感受浓郁的泰国风情。

夜市：一般夜市在下午四五点的时候就开始人头攒动，非常热闹，在晚上十一二点时，还有很多商贩和游客。

水上市场：一般从早上开始一直持续到下午，比较热闹的时间是8:00～10:00。

其他提供食物的地方

其他：泰国的商场、超市、购物中心等都有美食街或小吃店。Big C等超市中有熟食，也会有新鲜的水果出售。

★ **如何寻找泰国本土餐馆**

泰国不仅保留传统的东南亚饮食习惯，还兼容并蓄地融入了印度、中国乃至西方等多国美食烹饪技巧，这里有享誉世界的传统美味泰餐、丰富的海鲜大餐、令人眼花缭乱的小吃、新鲜多汁的热带水果等。

曼谷本土餐馆推荐

名称	特色	资讯
Cabbages & Condom	备受瞩目的泰式餐厅，泰国风味正宗，价格稍贵	地址：6 Sukhumvit Soi 12,Sukhumvit Road,Khlong Toei 电话：02-2294610 交通：轻轨在 Asok 站下 网址：www.pda.or.th
Steve Cafe & Cuisine	主要提供泰国的家常菜，分室内和室外用餐区	地址：68 Sri Ayudhaya Road,Soi Sri Ayudhaya 21（Devet），Vachiraphayabaan,Dusit 交通：乘公交船在 Dhevet 站下 网址：www.stevecafeandcuisine.com
Sirocco Restaurant	"亚洲最宽敞的露天顶级餐厅"，每晚有爵士乐现场表演，就餐需要预约，穿着需比较正式	地址：1055 State Tower,Silom Road 交通：轻轨在 Saphan Thaksin 站下 网址：www.lebua.com
Queen Of Curry	正宗的泰国餐厅，供应特色美食早餐、午餐、晚餐、消夜，还有外卖	地址：49 Thanon Charoen Krung Soi 30, Bang Rak
Nara	泰国最佳餐厅之一，冬阴功汤、猪肉沙拉、咖喱鸡、空心菜、虾饼等美食值得品尝	地址：494 Ploenchit Road 交通：轻轨在 Chit Lom 站下，7 号口出

清迈本土餐馆推荐

名称	特色	资讯
Sukontha Buffet	特色泰式火锅大排档，内有当地的风情表演	地址：46/1 Huay Kaew Road,T. Chang Puek A.Muang 电话：053-215666
Mango Tango	人气非常旺的餐厅，主要供应杧果糯米饭、杧果西米露、杧果冰沙、杧果汁布丁等	地址：12 Moo 5 Nimmanhaemin Road, Soi 11 电话：0898515741 营业时间：11:00 ~ 22:00
Huen Phen	大众化的泰式餐厅，价格便宜，推荐咖喱鸡肉面、泰北式云南米线等	地址：112 Rachamankha Road 电话：053-277103
The Good View Bar & Restaurant	滨河边兼营酒吧和餐厅，每天有现场音乐表演	地址：Mueang Chiang Mai District 电话：053-243239 网址：www.theriversidechiangmai.com
IBerry	非常有人气的甜品店，供应各种口味的冰淇淋	地址：Nimmanhaemin Road Soi 17 电话：053-895181

普吉岛本土餐馆推荐

名称	特色	资讯
Ban Rimpa	"最佳泰国餐厅"之一,可欣赏到芭东海滩的景色	地址：223 Prabaramee Road,Kathu 电话：076-340789 网址：www.baanrimpa.com
The Natural Restaurant	有室内餐厅和半露天餐厅，Sweet and Sour Spicy Phuket Bean Salad 是餐厅的招牌菜	地址：62/5 Phuthon,Talat Nuea, Mueang 电话：076-224287 营业时间：10:30 ~ 23:30 网址：www.naturalrestaurantphuket.com
Sunset Restaurant	老牌的泰国餐厅	地址：100 Bandon-Cherngtalay Road, Choeng Thale 电话：076-396465
Savoey Seafood Restaurant	岛上广为人知的海鲜餐厅，热炒厨房为开放式，海鲜明码标价	地址：136 Thawewong Road,Patong 电话：076-341171-4 网址：www.savoeyseafood.com

大城本土餐馆推荐

名称	特色	资讯
Sai Thong River Restaurant	提供比较平价的河鲜，推荐烤鱼、蒸鱼、烤虾等	地址：Phra Nakhon Si Ayutthaya District 电话：035-241449 营业时间：10:30 ~ 22:00
Street Lamp	除了泰国的美食，还有其他国家的美食，每晚有摇滚音乐表演	地址：Soi Naresuan 电话：0879907129 营业时间：7:00 ~ 24:00 网址：www.facebook.com
Chang House	兼营酒吧和餐厅，提供西餐和泰国美食，有现场音乐表演	地址：Soi 1 Naresuan Road

 管家提示

泰国饭店、小吃摊很多，在泰国吃饭非常方便。在一些日夜营业的中式餐厅及泰式小饭店，只需花 20 ~ 50 泰铢，即可美餐一顿；吃火锅或自助餐，每人大概 80 ~ 100 泰铢；每人费用不超过 400 ~ 500 泰铢，就能吃到对虾、烤乳猪。在高中档餐馆进餐，离开时，一般给 10、20 泰铢或餐费 5% 的小费。

NO.4 达人教你看菜单

过来人经验谈

夏天的末儿·女·只是爱旅行，没有环游世界的勇气

在泰国餐馆用餐，菜单上的文字一般为英文和泰文，菜一般包含泰国主菜、特色菜、汤、甜点等。第一次品尝泰国菜，如果面对菜谱不知如何点菜，可以先尝试点泰式咖喱鸡、冬阴功汤、香叶鸡、泰式炒河粉、菠萝饭、三味鱼等泰式经典菜品，再来一杯冰爽的果汁，一般都不会让人失望。

丁丁＆兔·女·气质单身女孩儿

在泰国点菜，看不懂"蚪蚪文"，就看看旁边的人都在吃什么吧，最好按照当地人点的菜来一份，保证是正宗的泰国口味，不过有些吃不惯咖喱的朋友就要慎重选择了。我看到旁边很多人在吃面（看起来像面），就要了一份，泰语发音应当是"靠水改"，味道真的是超级好吃，以至于我接下来好几天的行程都是靠这个填饱肚子的。

★ **泰国人一日三餐吃什么**

早餐：7:00 ~ 9:00，比较丰富，一般有咖喱饭、泰式米线、煎蛋、海鲜汤、蔬菜沙拉、鲜果汁、水果茶等，也有西式的三明治、烤面包、咖啡等。在泰国大多数餐厅里还可以找到薄荷味辛辣的鱼、又甜又辣的猪肉及米饭等早餐。

午餐和晚餐：喜用中餐，如中国的川菜和粤菜。

★ 像当地人一样去点餐

了解当地用餐习惯与禁忌

　　1. 不喝热茶与开水，喝水的时候一般会加冰块，喝果汁习惯加少许盐。

　　2. 喜辛辣和鲜嫩之物，爱吃咖喱饭和冬阴功汤；不喜欢过咸和过甜的食物，也不吃红烧的菜肴；忌食牛肉和狗肉，不食用牛奶和乳制品。

　　3. 普通人家习惯围绕低矮的圆桌跪坐，右手抓食。

　　4. 忌讳左手服务，认为左手不洁净。在递东西给别人时要用右手，不得已用左手时要说声"请原谅"。

　　5. 女士就座时，双腿要靠拢，否则被认为缺乏教养。

餐厅用餐步骤

　　1. 服务生带位入座

　　在正式的餐厅中，一般在玄关或前台处有服务员带位入座。在自助餐厅、小吃店、大排档用餐可直接进店到柜台（摊）前点吃的，然后找座位。

　　2. 点餐

　　入座后，服务员送上菜单。大多高级餐厅中有泰文和英文菜单，一般中国人开的餐厅也有中文菜单。点菜时，可先点开胃小点心、特色沙拉或汤，主菜可点泰国的特色菜，然后点主食和甜点。

　　3. 用餐

　　在用餐时要注意泰国的一些用餐礼仪，如用餐时叉和勺子的用法、吃饭时的正确方式等。用餐中如要添饭、加水、加调料等，可叫服务员。

★ 一看就懂的用餐习惯

基本座位形式

传统的泰国人用餐时是采取席地而坐的方式进餐，但泰国餐厅均为桌椅的座位形式，与一般中餐厅并无差别。若用餐者有长、幼或是辈分之分，则从靠近墙壁或是离门最远的上手座位起，依次落座。

吃泰国菜

基本餐具为一只汤匙、一副筷子以及一个圆盘。就座后先将适量的饭盛进圆盘中，用汤匙取有汤汁的菜肴与饭拌匀，用汤匙以西餐喝汤的方式，由靠身体的内侧往前方舀起，吃完再盛饭。筷子用来夹菜。如果是几个人一起吃饭，上菜时会配有"公勺"。进餐时将饭盛进圆盘中，再用公勺夹菜进盘，尽量一次拿够，勿频繁取菜。如需要筷子则可向服务生索取。

tips

1. 吃泰国菜最好是两个人或多人集体用餐，一般两个人用餐点三个菜，三个人用餐点四个菜等。不单独点汤，要和其他菜肴一起享用；也不要单独点辛辣的菜肴，辛辣的菜肴要与口味清淡的菜肴搭配，以免因太辣产生不适。

2. 泰国的主食有面条、米粉、米饭等，甜点有冰淇淋、蛋糕、沙冰等。点菜时可跟服务员说明辣的程度，有的菜有大小份的区别，可根据自己的口味和食量选择。

管家提示

典型的泰餐一般包括一份汤、一份蒸的菜、一份炒菜、一份沙拉以及用来蘸食的各种各样的调味料，餐后是甜点、新鲜水果。由于菜肴种类多，一次不要盛太多的饭，以免各种菜肴混作一堆，吃起来五味杂陈，而且也不方便。另外，吃饭时不要为了图方便将盘子端起往嘴里倒，很不雅观也十分失礼。

NO.5 结账时如何付费

过来人经验谈

夏天的末儿·女·只是爱旅行，没有环游世界的勇气

在泰国的酒店和街边小店用餐，付费方式有所不同。我们住在曼谷的一个四星级酒店时，吃自助餐有"6免1"的优惠，直接刷卡就可以付费。一般在餐厅用餐，支付餐费可以用现金、刷卡付费或记在房费里等方式。在路边排档吃饭，和国内类似，我们点餐服务员记，吃完饭后，和服务员说一声"Bill"，就会有人把账单递过来，用现金付费即可，把钱给服务员，找零后服务员会再把钱送过来，一般不用给小费。

丁丁&兔·女·气质单身女孩儿

到泰国旅游之前看到很多帖子说要给小费，不过我在泰国吃饭的时候，都没有见过有人给小费（难道是我吃饭的地方档次太低？），刚开始还有一些忐忑，后来就习惯了。反正他要是想要小费就直接找我要好了，不要的话，就不给。

旅行者-阿鬼·男·专业旅行者

在泰国吃饭，使用现金结账比较方便，能刷卡的餐厅很少。食物都很便宜，约花250泰铢（折合人民币50元）就能吃一顿很丰盈的大餐了。如果给的钱需要找零不是很多，那就干脆留给服务员当作小费吧，毕竟1泰铢折合成人民币还不到2毛钱呢。出门在外，也在外国给中国人长长脸。

★ 结账方式的选择

在快餐店用餐，先付钱，后拿吃的。在正式餐厅用餐，一般是吃完饭再结账，结账时不用站起来，只要叫一下服务员，然后指一下自己的餐桌，服务员就知道要结账了。在泰国只有较为大型或者高档的餐厅才能刷卡结账，一般情况下还是使用现金结账比较好。

★ 小费如何支付

在正式的餐厅用餐，所给的小费比例一般是餐费的 10%，有时也不按这个标准，可以自由给，基本上是 20 泰铢或以上。很多餐厅在结账时已将小费附加进账单，如果加了就不用另外给。

管家提示

在泰国用餐，除了将小费加进账单的餐厅，在其他地方用餐小费可以随心态和服务质量给，给小费可以不用考虑百分比。在快餐店一般可以不给小费，也可以把找回的硬币给几个就行。毕竟泰国是习惯付小费的国家，给小费会让人觉得有礼貌一些，也会留下更好的印象。

Part 5
泰国扫货必备攻略

NO.1 买什么最地道

过来人经验谈

赵先森·男·某公司职员·自拍狂人

在泰国，在很多商场、市场都可以见到各式各样的泰丝制品，常见的有包包、围中、手帕、靠垫等。Jim Thompson 是泰丝的经典品牌，它的店在 Siam 地铁站附近，位于 National Stadium 对面，隐藏在一条小巷尽头的运河边上，有大隐隐于市的样子，很容易让人错过。这家店的产品包括衣服、包包、丝巾、手帕等，丰富的色彩及品种让人爱不释手。

夏天的末儿·女·只是爱旅行，没有环游世界的勇气

在泰国要买精油、泰丝这些大家都知道，可是我在 Big C（泰国著名大型超市）逛的时候，又发现了不少好东西，例如方便面和酸奶，方便面有著名的冬阴功汤味道，可以带给朋友尝尝鲜，更何况便宜啊，还能带上飞机；酸奶就自己买点喝吧，不能带上飞机，托运又很麻烦。泰国的酸奶不是普通酸奶的味道，有点养乐多、优益 C 和酸奶的混合口感，不过很好喝。还有红牛饮料也很好喝，比国内的好喝，还便宜。还有腰果，超级好吃，到处都有卖的，超级便宜，买回来送人很合适。

丁丁＆兔·女·气质单身女孩儿

女孩子到泰国买东西的标配就是，丝巾＋手工皂＋香薰＋精油，这些东西早晚要用，在泰国不买，回国就后悔。当然还有机场免税店的 Dior、LV 什么的，也比国内便宜得多。

★ 特产

泰丝

泰丝美观且实用，可制成布帘、家具套或其他室内装饰用料，还能用作餐垫、餐巾、领带、丝巾或其他女士装饰品，也可用来制作笔记本的封面等不同种类的旅游纪念品。

棉织品与蜡染布料

泰国的棉织品图案、印花和刺绣花样各式各样，可制成衣服、床单、台布、地毯及手袋等。棉织品中最具特色的是山族手工艺和蜡染设计，以设计大胆及华丽的刺绣见称。

藤制品及柳条制品

泰国的藤制品及柳条制品极负盛名，制作精巧，充满热带风情，是室内装饰品的良好选择。

漆器

清迈及泰北的漆器最有特色，上漆时以竹片或木片作装饰，并加上复杂的手绘图案。漆器多为黑漆加上金色或棕红色漆制品加上黄色或绿色。

银制品

银制品在泰国有很悠久的历史，尤其是首饰类。在清迈及曼谷市到处可见传统风格及现代设计风格的银质花瓶或其他银质装饰品。

泰南燕窝

泰国是可食用燕窝的主要产地，采集季节为2～7月，在每个繁殖季节里采集3次，质量最好的是繁殖季节里做成的第一个鸟窝。

红宝石

泰国是红宝石的原产国，在泰国购买红宝石制品相当划算，但一定要在指定的店里购买。

皮包

泰国是亚洲最大的鳄鱼养殖基地，鳄鱼皮具货真价实。此外，珍珠鱼皮的皮具也非常美观耐用。

★ 本土品牌

泰国知名时尚品牌推荐		
名称	特色	网址
Greyhound	泰国最受欢迎的服饰品牌之一	www.greyhound.co.th
Sretsis	由时尚设计师 Pim Sukahuta 所创立，除了在曼谷买得到，受欢迎的程度连在纽约、洛杉矶、香港都买得到，是个能见度很高的泰国品牌	www.sretsis.com

续表

名称	特色	网址
FlyNow	泰国最成功的国际化品牌之一,产品品种包括皮革制品	www.flynowbangkok.com
Kloset	泰国前卫设计品牌之一,是打扮前卫者极佳的购物地	www.klosetdesign.com
NaRaYa	拥有手提袋、钱包、围巾、各式各样的家饰品等,设计简单、款式多样、价格合理	www.naraya.com
Jim Thompson	Jim Thompson是泰丝之父,这里有世界上质量最高的丝制品	www.jimthompson.com
CPS	提供泰国与全球年轻顾客所需要的各种商品	www.chapsclothing.com
Senada	时髦街头穿着的代表	www.senadatheory.com

★ 化妆品/护肤品

化妆品/护肤品推荐	
名称	信息
欧莱雅	在免税店买价格大概是国内专柜的5折
Banana Boat	防晒/晒后修复效果非常好
Beauty Buffet	牛奶洁面乳:添加了纯牛奶和辅酶Q10,口碑很不错 牛奶身体乳:性价比高,涂后皮肤光滑、有弹性
Snail White	蜗牛霜:祛痘、改善肤质,非常适合夏天的天气 蛇毒蜗牛喷雾:改善细纹、毛孔粗大、肤色不均、干燥缺水等皮肤问题
ELE	CC霜:既能遮瑕又能防晒,不浮粉也不油腻,很轻薄清爽 面膜:懒人睡眠面膜,可排毒、去黄、美白、祛痘、收毛孔
Mistine	防晒水乳:适合太阳猛烈或者出行旅游时使用,方便携带 羽翼粉饼:非常轻薄,可防晒遮瑕
POND'S控油粉	可以控油、防晒、遮瑕、提亮肤色,面部及全身可使用,关键是价格很便宜
然禧祛痘霜	祛痘效果很好

★ 工艺品和香薰

泰国的工艺品和香薰非常有特色,可以去大商场买,也可以到小店或夜市买。

工艺品

泰国的手工艺品制作精细,构思巧妙,有著名的木雕艺术品、泰式陶器、银器、蜡制工艺品等。清迈是泰国手工艺品的中心,这里有精美的漆器、手绘的纸伞、细致的木雕、银器和海水绿色泽的青瓷；北方山居部落的刺绣及银饰、珠宝等也很不错。

香薰

泰国的香薰品牌众多，街上有许多香薰店，商场里几乎每层都有几个卖香薰的品牌专柜。其中 Herb Basics 是清迈才有的精油手工皂店，有各种精油和手工皂。

★ 日常药品

泰国日常药品推荐	
名称	信息
蛇药	东南亚三宝之一，主要品种有风湿丸、蛇胆丸、蛇鞭丸、解毒丹、蛇油丸、蛇粉、调经丸等
上标薄荷鼻通	形似唇膏，分上下两端，非常耐用，可防止晕车晕船，也可治疗蚊虫叮咬，提神醒脑
虎标酸痛软膏	泰国老品牌，治酸痛类的药品
Counterpain 酸痛软膏	有两款，温热型（红色）、清凉型含有薄荷成分（蓝色），对肌肉酸痛、运动撞伤扭伤，很有效
五蜈蚣标止咳丸	止咳药，咳嗽时含一颗在嘴里就不会咳了，药房里有卖
Greenherb 极品青草膏	适合夏天使用，适用于伤风感冒、头痛目眩、风湿肿痛、蚊虫叮咬等，对皮肤瘙痒、伤风咳嗽、手足抽筋、腰酸背痛、跌打扭伤等也有不同功效
钓鱼牌牙痛油	专治蛀牙引起的牙痛，用棉花将牙痛油点于蛀牙患处，止痛功效神速
卧佛牌青草药膏	当地人必备的常用药，可用于身体各部的疼痛，对晕车、晕船、蚊虫叮咬、女性经期肚子痛等都很管用
Hirudoid Forte 加强型除疤膏	用于烧伤、烫伤、刀伤、创伤、疮痛及疤痕疙瘩等，也可用于瘦身纹、妊娠纹、面部、颈部皱纹的修复

★ 服装

Levi's、Lee、Wrangler、Lee Cooper 等品牌的牛仔裤，La Boutique、Disaya、Milin、Kemissara、Lovebird、Marihorn、Tandt、Vatanika、Munchu's、P's Material、Something Boudoir、Loveme Tender、Queen P 等品牌的衣物，价格极具诱惑力。

管家提示

购物时不能用手指商品向店家询价，这种肢体动作在泰国被视为粗鲁、不礼貌的行为。若没有大量购物的计划，到达泰国后一般兑换 500 元人民币左右的泰铢就足够了。不要轻信热心导购的推荐，购物需经过自己深思。

NO.2 去哪里买最合适

过来人经验谈

爱在驴途 · 男 · 自由职业者 · 大神级别

曼谷市中心有许多大型购物商店,Siam Paragon 是其中之一,从我们住的 Courtyard by Marriott 酒店乘坐 BTS 到 Siam 站就能到达,非常方便。Siam Paragon 在曼谷非常有名,里面有各种各样的商品。第一层是世界名牌专柜,有爱马仕、香奈儿、博柏利、古琦、范思哲等名牌;二层是生活时尚用品,有各种高尔夫用品和数码产品。我们此行主要是想看一下传说中的曼谷包 NaYaRa,据说这个牌子的东西曾风靡港台,这个店好像在三层。NaYaRa 产品种类很多,有各种尺寸的手提包、背包、化妆包、小钱包、相框、拖鞋、面纸套、厨房用品等,颜色款式多到让人咂舌。我们最后买了两篮,带给亲朋好友作礼物。

旅行者－阿鬼 · 男 · 专业旅行者

我们在曼谷先去的是安帕瓦水上市场,几乎没有游客,也很少能看到欧美人的身影,多数都是曼谷当地人,划着小船买卖水果、日用品、炒粉什么的,更牛的是还有海鲜BBQ,你要买的话就招呼一声,她就会把船划到岸边,给你一个小板凳,非常有意思。

之后前往著名的美功铁道市场,这个市场距离安帕瓦水上市场20分钟车程,曾经无数次地出现在电视、电影中。这个铁道菜市场上,火车、摊贩和顾客各自运作,互不干扰。只要有火车过来,火车站就会鸣笛警告,摊贩们就会收摊，等火车走了，再继续摆摊做生意，就好像有些泰国人用手吃东西一样自然。火车进站的时候，我看到有个摆水果摊的大叔，他的水果摊下装了滚轮和轨道，做到了十足的"收放自如"啊。火车轮子刚刚轧过去，后面的摊贩立马就将棚子搭回去了，恢复神速啊！这里的水果、海鲜等超级便宜，看得我眼泪汪汪（当时要赶路，没有时间买来吃）。

后来还去了传说中的恰图恰周末市场，据说这是东南亚最大的跳蚤市场，有12个足球场那么大，所有的商品都卖。听很多人说泰国的手工皂非常好，国内都卖疯了，本来打算买一些回来送朋友的，不过这个市场实在是太大了，转了半天也没找到卖手工皂的地方。

★ **商场**

泰国的商场大多集中在曼谷、芭堤雅、普吉岛等地，商场装饰豪华，聚集了很多时尚服装、休闲服装、化妆品、手表饰物等品牌，品牌商品有欧莱雅、Boots、Levi's、Lee、黛安芬、NaRaYa、吉姆·汤普森等，价格比较便宜。

推荐：曼谷的中央百货购物中心（Central World Plaza）、Siam Paragon，暹罗广场上的暹罗中心、暹罗百丽宫、暹罗发现中心、MBK Center，芭堤雅的皇家花园芭莎购物中心（Royal Garden Plaza）、Central Festival Pattaya Beach，普吉岛的Central Festival Phuket、江西冷购物中心等。

泰国热门城市主要购物地点资讯

曼谷主要购物地点资讯			
名称	简介	地址	交通	网址
暹罗中心（Siam Center）	它坐落在暹罗广场边，与轻轨暹罗站相连，是曼谷非常著名的购物中心	989 Rama 1 Road,Pathumwan,Bangkok	乘坐轻轨到暹罗站下，从1号出口出即可	www.siamcenter.co.th
暹罗百丽宫（Siam Paragon）	它是曼谷最高级的百货商场，拥有40多个国际和地方品牌的产品，包括手表、珠宝、高级服饰等	991/1 Rama 1 Road,Pathumwan	乘坐轻轨到暹罗站下，从3号出口出即可	www.siamparagon.co.th

续表

名称	简介	地址	交通	网址
暹罗发现中心（Siam Discovery Center）	商场所在的建筑为一座白色的大型建筑，拥有多个世界知名品牌，如North Face,M.A.C cosmetic,Kipling 和亚洲书局等	989,Rama 1 Rd.,Pathum Wan,Pathum wan,10330, Bangkok	乘坐轻轨到暹罗站下，从1号出口出即可	www.siam discovery center.co.th
MBK Center	它是一座7层的大型购物中心，主要有以中小散铺为主的大卖场、百货和大超市，商品的价格适中，比较平价	444 8flr.,Phayathai Road, Wangmai, Patumwan, Bangkok	搭乘轻轨到国立体育馆（National Stadium）站下	www.mbk-center.co.th
中央百货购物中心（Central World Plaza）	它是泰国最大的中央百货连锁集团，拥有饭店、会议中心、办公室、影城，以及Zen和Isetan两大知名百货公司	494 Rajdamri Rd,Bangkok	乘轻轨到Chit Lom站下即可	www.central world.co.th

清迈主要购物地点资讯

名称	简介	地址/交通
清迈中央机场大厦（Central Airport Plaza）	商场内云集了Lee、Camel、Hush Puppy等品牌，并且经常有打折活动，是真正的物美价廉。商场的地下一层是美食广场，有很多泰国小吃可以品尝	1141-Mahidol 2,Nong Hoi, Mueang Chiang Mai
Kad Suan Kaew	商场建筑像一座城堡，有棕色的砖墙，很宏伟。商场内有500多家店铺，还有电影院、游乐场、酒店、书店等，其中美食区在地下一层，泰北特产在一二层	Mueang Chiang Mai District,Chiang Mai
尼曼翰明路（Nimmana Haeminda Road）	网友们戏称这条路为"你妈喊你路"。路上有很多咖啡馆、酒馆、饭店、特色小店、书店等，很有情调	Tambon Su Thep, Amphoe Mueang Chiang Mai Chang Wat Chiang Mai 50200
清迈夜市（Night Bazaar）	市场内有各种手工艺品、旅游纪念品、按摩店、酒吧和本地美食	Chang Klang Rd.

续表

名称	简介	地址/交通
周日夜市（Sunday Market）	主营泰北手工艺品，因市场方有限价政策，售价较低；也有各种本地特色美食、按摩服务、免费歌舞表演等	起于塔佩门（古城东门），止于帕邢寺前
周六夜市（Saturday Market）	商品跟周日夜市相似，但规模比周日夜市小，人也相对少	起于古城南门清迈门护城河对岸，沿 Wualai road 斜向延伸

芭堤雅主要购物地点资讯					
名称	简介	地址	电话	网址	
皇家花园芭莎购物中心（Royal Garden Plaza）	这里有化妆品店、体育用品店、4D电影院、Food Wave 等，购物中心的3楼是信不信由你博物馆（Believe It or Not）	218, Moo. 10;Pattaya Beach Road, Banglamung	038-416972	www.kasikornbank.com	
Central Festival Pattaya Beach	这是芭堤雅最大的购物中心，也是亚洲最大的海滨商场之一。这里聚集了很多国际名牌，也有泰国本地的特色珠宝、手工艺品等	333/99 Moo 9 Tumbon Nongprue Amphur Banglamung, Chonburi	038-043470	www.centralfoodhall.com	
芭堤雅免税店（King Power Pattaya）	其规模和商品与曼谷的机场免税店无异，在此可以买到最实惠的烟酒、名牌服饰、手表、香水、家电、化妆品等	8 Moo 9 Tumbol Nongprue Amphur Banglamung	038-103888	www.kingpower.com	
芭堤雅奥特莱斯（Pattaya Outlet Mall）	这个奥特莱斯店规模比较大，但商品的种类不是很多，在这里需要慢慢地"淘"。如果想买Levis's 的牛仔裤可以来这里看看，一条大概650泰铢，还能退税	666 Sukhumvit, Na Kluea, Bang Lamung, Chon Buri 20150	038-420543	www.outletmallthailand.com	

普吉岛主要购物地点资讯

名称	简介	地址	电话	网址
Central Festival Phuket	这里云集了很多国际品牌如新秀丽（Samsonite）、金佰利、Levi's、欧莱雅、The Body Shop、屈臣氏、NaRaYa、Boots等	74-75 Moo 5 Vichitsongkram Rd., Amphur Muang, Talat Yai, Phuket	076-291111	www.centralfestivalphuket.com
江西冷购物中心（Jungceylon）	芭东海滩上规模最大的购物中心，共分为5个主题商品区，主要出售各种泰国品牌商品及国际品牌商品	181 Ratuthit 200 Pee Road, Patong, athu, Kratu Phuket	076-600111	www.jungceylon.com
Premium Outlet Phuket	Premium Outlet Phuket的建筑结合了传统和现代的建筑艺术，比较漂亮。里面云集了世界各地的名牌产品，折扣力度大	888 Moo 8 Thepkasattri Koh Kaew, Muang, Phuket	076-35500-3	—

★ 品牌直销店

品牌直销店也叫工厂直销店，即人们熟悉的奥特莱斯。设施齐全，有停车场、餐厅、咖啡厅、ATM等，但多离市区较远。商品价格是其他地方的50%~70%，甚至更低。

推荐：Premium Outlets、FN Factory Outlet HuaHin、Premium Outlet Phuket、Pattaya Outlet Mall等。

tips

品牌直销店商品种类多，但可能会有商品数量不多、颜色不全、号码不全等情况，一旦看到喜欢的商品，要果断出手，不然容易被别人买走。

★ 免税店

泰国唯一的免税零售商叫皇权免税店（King Power），其中位于曼谷市中心的免税店是泰国最大的免税购物商场，有戏院、餐饮、娱乐、酒店等设施。这里的商品价格比在泰国其他的商场都便宜，店内常有促销活动，一般买到一定金额就可以再打折，有时还可以使用优惠券。

推荐：曼谷市中心免税店、曼谷素万那普国际机场免税店、廊曼机场免税店、清迈机场免税店、芭堤雅免税店和合艾机场免税店。

★ 夜市

泰国有很多夜市，夜市分平日夜市、周六夜市和周日夜市，以清迈夜市和曼谷夜市最出名。夜市一般 16:00 或 17:00 开始营业，到凌晨结束。

特色产品：各种小吃、当地的特色商品，还有潮流服饰、高档品牌等。在清迈夜市，可以看到木雕、押花式棉纸、棉织品、手绘纸伞、凸花银器等工艺品，用玫瑰、菊花、百合和蝴蝶兰制作的烛花和皂花等。

推荐：Khao San Market（考山路夜市）、Asiatique The Riverfront（河边夜市）、Silom Night Market（是隆夜市）、Patpong Night Market（帕蓬夜市）、Saphan Phut 夜市（萨潘路夜市，周三不开）、Huai-Khwang Night Market（惠恭王夜市）、Khlong Thom 夜市（甲米空绳县夜市）等。

★ 水上市场

水上市场里售卖商品的人多是女性，这些人一般戴着宽边斗笠，穿着泰国乡村人最爱的蓝色棉布衣，撑着载满水果、蔬菜、熟食和其他商品的小船在河中向游客兜售。水上市场一般是 6:00 开始，到 13:00 或 14:00 结束。

特色产品：各类小吃、热带水果和纪念品。

推荐：丹嫩沙多水上集市、达玲璨水上市场、歌杰岛水上市场。

管家提示

泰国的打折季一年一般有两次，分别为年中打折季和年末打折季。年中打折季一般从 6 月开始到 8 月结束，年末打折季一般从 12 月开始到次年的 1 月或 2 月结束。在打折季期间，普通服装价格基本上为平时的 3 折左右，名牌服饰为 5～8 折。

1 商场购物

泰国各大商场的营业时间为 10:00～21:00 或 11:00～22:00，一般的商店可能在 8:00 就开始营业了。在商场购物时，内部的空调温度开得比较低，室内外温差比较大。有的商场有各国语言的导购，可以到游客中心或柜台前询问有没有中文的导购。

2 购物折扣

购物时寻找折扣是最有效的省钱方法。泰国的商场或购物中心，如有打折或促销活动，一般会悬挂"Sale""30% off"等牌子。如果没有看到任何牌子，也可以询问店员是否有促销活动，或者买的商品多是否有折扣或赠品等。

3 打折卡

泰国有些商场针对游客会发放一种游客打折卡，凭护照就可以到购物中心的服务柜台免费领取这种卡。凭此卡购物，几乎所有的品牌都可以打折，一般是 0.5～3 折，有时是 5 折，很多新品也会打折。

NO.3 砍价结账必用技

> **过来人经验谈**
>
> 爱在驴途·男·自由职业者·大神级别
>
> 泰国有很多水上市场都已经成为景点，商家给的价本来就挺"狠"，所以砍价时也没必要心软，我们都是从要价的一折开始砍，一般吃不了多大亏。当然，肯定也有砍价失败的时候，因为一船人都在看着，坐在船上就没有太多的时间讨价还价。在水上市场购物，如果看中想要的商品，一定要把握好价格和时间。

★ 哪些地方可以砍价

商场、百货公司的价格一般是固定的，其他地方可以砍价，特别是在夜市、水上市场及当地市场。

★ **砍价小窍门**

商店刚开张的时候，可以获得很好的折扣。泰国人喜欢礼貌和幽默，保持微笑和他们耐心砍价，可以得到比开始要价便宜 10% ~ 40% 的最终价格。在泰国旅游只需会简单的英语就可以沟通砍价，第一次看到喜欢的商品时可随意询问一下价格，了解大致价格再砍价。夜市和摊位上一般店主都有计算器，也可以直接问"Can it be cheaper？"正规商场一般不能砍价，但可以试着问有无折扣："Do you have any discount？"

★ **熟知不同的结账方式**

结账可以选择现金支付或信用卡支付，有些地方也会支持银联卡。在夜市、水上市场及当地市场购物，一般用现金；在正规商场可用现金和刷卡的方式，购买价格较高的商品建议刷卡。

> **管家提示**
>
> 泰国人不是很喜欢砍价，购物时可以问一下有无折扣，如果没有就不要再没完没了地问。在一些旅游区，卖家认为给游客加价是理所当然的事。如果不想因为砍价而产生尴尬，可以到 Big C 等超市购物。

PART 5 泰国扫货必备攻略

NO.4 说说退税那些事

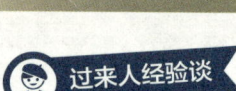 过来人经验谈

 爱在驴途·男·自由职业者·大神级别

在普吉岛的江西冷（Junceylon）买了一台13寸的MacBook Pro，加上退税，比在香港买要便宜将近700元人民币。此外，在普吉国际机场的免税店King Power买欧莱雅比较划算，价格只有国内的50%～60%，有些套装更便宜。在King Power经常能看到国内的同胞在抢购，价格确实划算，我们自己也带了一些回来。

★ 旅行者如何退税

在泰国购买商品，除了食物等商品外，都会收取增值税（VAT）。因此在购物时，可以保留购物小票，回国时可以要求退还7%的增值税。

购物退税条件

1.在带有"旅游者退税（Vat Refund for Tourists）"标志的地方购物，在同一家店同一天购买的商品价值超过2000泰铢，即可凭购物小票在商店柜台作退税登记。

2.在旅行途中所有商品总额（可在不同商场累计）包括增值税在内超过5000泰铢，即可在机场申请退税。

3.在泰国停留时间不超过180天，自商品购买之日起60天内携带退税商品乘飞机离境，这样才有资格享有退税的权利。

填写退税申请表

在商店柜台作退税登记时，出示护照，请店员填好"VAT Refund Application for Tourist（旅客退税申请表，即P.P.10表）"，并索要原始发票。填好退税申请表后，将所有增值税发票与退税申请表附在一起，作为购物凭证，妥善保管。

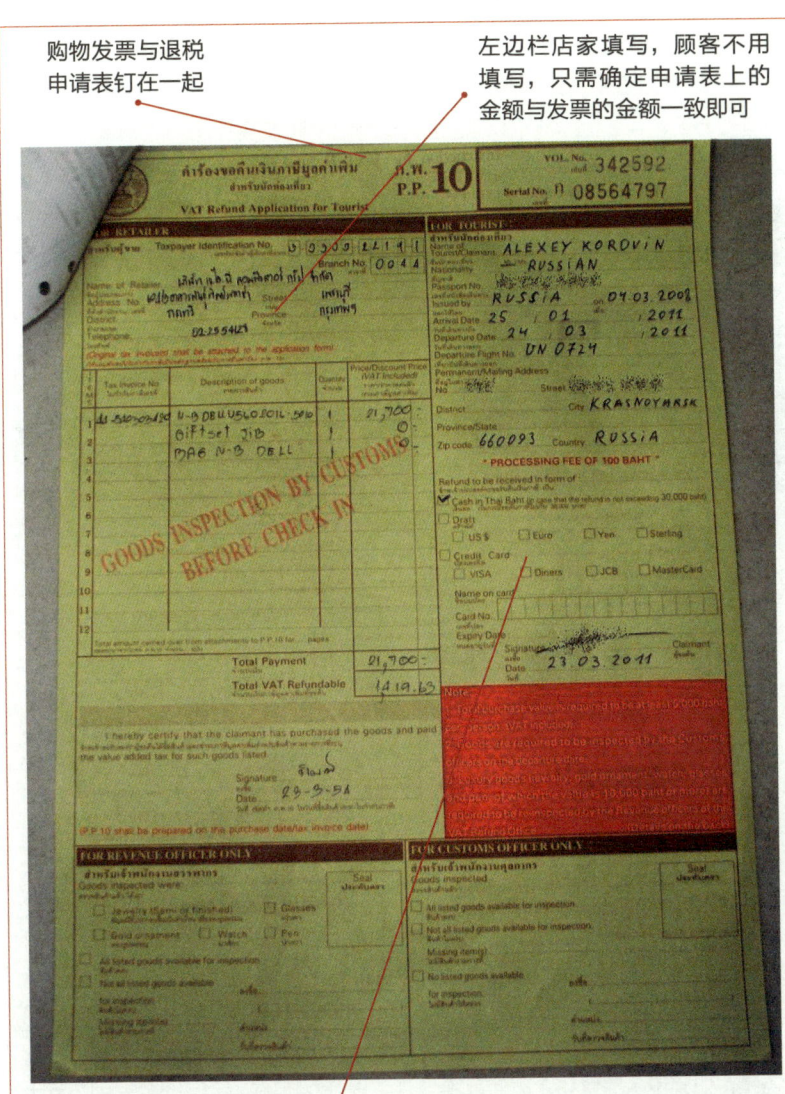

购物发票与退税申请表钉在一起

左边栏店家填写，顾客不用填写，只需确定申请表上的金额与发票的金额一致即可

右边栏由顾客填写，填写姓名、国籍、护照号码、抵达泰国时间、离开泰国时间、出境航班、户籍地址、退税方式（现金、信用卡等）、签名和日期

退税

办理退税可到市内指定的退税点和曼谷、普吉、清迈、合艾等地的国际机场退税,将退税申请表和所有原始票据递交给增值退税办理处,收取退税款。

★ 机场退税流程

进入机场大厅,在办理离境手续前,先到 Vat Refund For Tourist Office 办理退税手续→出示护照、退税申请表→海关官员检验商品→官员在退税申请表上盖章→取回申请表和护照→办理出境手续→进入离境大厅,前往退税办公室(柜台)→出示盖好章的退税申请表及护照→工作人员查验,领取退税的泰铢现金。

管家提示

很多商家已经取消了 P.P.10 退税单,换成 P.P.10 退税卡。商家会把旅客的消费记录、退税信息录在卡内,一卡可在不同商家补登,可以不用填一大堆退税单。收银条上标注有"Robinson"字样的可享受购物退税,可以退税的商店在收银台都有"VAT Refond"的明显提示,在 Big C 超市和一些专卖柜购物是不能退税的。

注意事项

1 办理退税必须在办理离境手续前到 Vat Refund Tourist Office 盖章,如果没有盖章,入关后,不能退税。盖的章只能当天有效,如果是早班飞机,前一天去盖好章也无效。如果几个人一起离境,建议使用一个护照退税。

2 通过护照查验处检验入关后,一般在免税店两侧有退税办公室,在这里办理退税。一般商品不需要检验,手表、宝石饰品、金饰等贵重商品需要检验。

3 领取退税金额时,若退税金额不超过 30 000 泰铢,可领取现金,或使用银行汇款或信用卡;若退税金额超过 30 000 泰铢,不能直接领取现金,需汇入信用卡账户。每笔退税要收取 100 泰铢的手续费,退到信用卡也要收取 100 泰铢的手续费以及银行的相关费用。如果退泰铢现金,可在机场兑换人民币。

NO.5 买多了东西怎么办

过来人经验谈

爱在驴途·男·自由职业者·大神级别

泰国很多东西都是白菜价，旅行一趟很容易就买多东西。国际航班的行李超重部分，托运价格挺高的，比较了一下还是邮寄回国比较实惠。在网上查了一下邮寄的价格，航空普通邮件（Air Mail）约2个礼拜到达，最快8天，邮资起价15元左右；挂号航空邮件（Registered）最快8天到，邮资20元起价；全球特快邮件（EMS）约3天到达，邮资起价150元。最后选择了航空普通邮件，东西收到了。"吐槽"一下，在泰国邮局寄了不少明信片回国，结果没有一个人收到。

★ 物品可否过海关

从免税商店可购买1瓶酒（1升）、1条烟（200支），以及其他私人用品（1台照相机、1台摄像机、个人佩戴的珠宝首饰等）出境。

1 工艺品

在泰国购买体积大、需特别包装的佛像、古董、艺术品（小型纪念品除外），需先向泰国国家艺术厅

PART 5 泰国扫货必备攻略

申请批准，或向商店取得输出许可证明，在离境时提交海关检查，才可顺利出关。

2 野生动物制品

千万不要购买用野生动物制成的任何产品或纪念品，包括蛇、巨蜥等爬行动物以及海龟壳和象牙。

不要买任何象牙制品，即使有人声称象牙制品是合法的也不能够购买；驯养大象的象牙可以合法交易，但只适用于在贸易管制下的泰国国内消费。

3 生鲜农产品

生鲜农产品即使可以从泰国出境，回到国内也会被禁止携带入境。

★ 带上飞机有什么要求

泰国飞往国内的航班，一般可免费托运两件行李，随身携带一件行李登机。托运行李是否上锁，建议托运时询问一下柜台工作人员。此外，可以在托运的箱子外贴上明显标签，以防别人拿错。

主要航空公司行李规定		
名称	随身携带行李	免费托运行李额
中国南方航空	和2件，公务舱、经济舱1件，行李箱三边之和不超过115厘米	头等舱3件，每件32千克 公务舱3件，每件23千克 明珠经济舱2件，每件23千克 经济舱1件，每件23千克 每件尺寸限制 A+B+C≤158CM
中国国际航空	头等舱2件，公务舱、经济舱1件，重量以5千克为限，行李箱三边之和不超过115厘米 A+B+C≤115CM(45in)	头等舱、公务舱2件，每件32千克 经济舱1件，每件23千克 每件尺寸限制 A+B+C≤158CM

续表

名称	随身携带行李	免费托运行李额
中国东方航空	头等舱2件，公务舱、经济舱1件，重量以5千克为限，行李箱三边之和不超过115厘米 A+B+C≤115CM(45in)	头等舱、公务舱2件，每件32千克 经济舱2件，每件23千克 每件尺寸限制 A+B+C≤158CM
泰国国际航空	1件，重量以7千克为限，行李箱三边之和不超过115厘米 A+B+C≤115CM(45in)	头等舱50千克，商务舱40千克，经济舱30千克；泰航皇家风兰常旅客金卡会员无论搭乘何等舱位均可免费额外托运一件行李
港龙航空	1件，重量以5千克为限，三边之和不超过115厘米 A+B+C≤115CM(45in)	头等舱40千克，商务舱30千克，经济舱20千克；钻石卡会员、金卡会员、银卡会员可分别免费额外托运20千克、15千克、10千克

★ 行李邮寄

在泰国购物过多，可以选择用邮寄的方式节省运费。大型百货公司内一般都设有邮件服务柜台，费用相当便宜，店家还会帮顾客准备保险、海关许可及其他需要的文件。如果商品要集中寄走，在主要的旅游目的地周围还有很多私营的包装和邮寄服务公司，他们可以帮忙包装商品，通过UPS、航海或者航空邮寄。曼谷中央邮局有包装商品并从泰国邮寄到中国的服务。

管家提示

曼谷机场内有邮局，不超过5千克的行李可以由泰国邮局直接寄送，每千克运费300泰铢；超过5千克，可选择DPEX、DHL及UPS等邮寄，费用根据重量及寄送方式计算。

Part 6
如何在泰国自驾游

NO.1 准备

 过来人经验谈

 爱在驴途·男·自由职业者·大神级别

　　这次到泰国主要想体验一下自驾旅行，出发前比较担心自己的新版国内驾照在泰国不能用，所以在网上搜了很多资料，普遍认为办理驾照翻译件或公证书的驾照在泰国可以用，也有人说可以直接用中国驾照。为了保险起见，出国前我们拿着户口本、身份证和驾驶证前往公证处，办理了"驾照翻译公证"。7个工作日就办下来了，公证书的有效期和驾驶证相同。虽然后来在泰国租车时，没有要求出示驾照翻译公证件，但有备无患也是好的。

★ **了解泰国的公路状况**

　　泰国拥有良好的现代化高速公路网络，以曼谷为中心向四周发散，连接各大中心地区。公路主要分为三个级别：国家级公路、府级公路以及乡村级公路，公路数字以1开头为北部公路，以2开头为东部公路，以3开头为中部和东部公路，以4开头为南部公路。三位数的国道是府内主干道，比如普吉从北到南的主干道为402国道；四位数国道为普通公路。多数南北走向的道路为双程线，公路路况还不错，适合自驾。但由于汽车多，市中心的交通相对拥挤一些。

★ **确定行程与路线**

　　根据在泰国旅行的时间，计算好每天大概要走的里程，提前确定自驾行程与路线。旅行日程不宜安排太满，可在自驾中间阶段安排一天进行调整。

1 在地图上标注游玩地点

可先到网上下载一份泰国地图，将想要去的地方标出来，勾勒出线路的大致轮廓，完成路线初步设计。根据路线距离、在泰国的旅行时间、预算等，对目的地进行取舍。

2 每天行车里程计划

决定路线时，要考虑自驾人数、线路中的道路级别、目的地等因素，还要考虑每天的行车里程。在一天的行程中，国道多还是普通道路多，在市内还是乡村小道行驶等对行程都有影响。如果驾驶者只有一人，要每隔几小时休息一次才能继续开车，两名以上驾驶者可以轮流驾车。根据每天的行车里程，再调整线路计划，最终确定行程与路线。

泰国自驾主要路线

线路名称	里程	时间
1号公路（曼谷至清迈）	约639千米	约9小时可抵达清迈
3号公路（曼谷至芭堤雅）	约147千米	约2.5小时可抵达芭堤雅
4号公路（曼谷至普吉）	约862千米	约12个小时可抵达普吉

★ 买一份中英泰文的地图

可以到网上或书店买一份泰国最新的中泰文对照地图，建议买标有公路编号的泰国地图，提前熟悉泰国自驾线路及地形。

★ 提前做好驾照公证

在泰国驾车（包括摩托车）须持有国际驾照或泰国本地驾照，仅持中国驾照在泰国驾车不受泰国法律保护，一旦产生责任事故，将由个人承担相应风险和责任。持有一年以上的有效中国驾照，附上英语或泰语驾照翻译件或公证书，即会被认可为有效证件。

管家提示

如果驾照没有翻译件或公证书，AVIS、Hertz、Budget等正规的国际连锁租赁公司一般不会租车给你。若在泰国驾驶时遇到任何事故或风险，保险公司可以视作"无证驾驶"而不予理赔；交警也可以以"无证驾驶"为理由查扣你的车辆并予以罚款。

NO.2 租车

🧑 过来人经验谈

爱在驴途 · 男 · 自由职业者 · 大神级别

清迈路上各种车辆都有，停车方便，行车秩序也比较好，一般很容易适应。当地租车公司价格较便宜，一辆丰田 VIOS，每天租金约人民币 300 元。在市区代步、行驶和停车也方便。市区外围山路较多，最好选择排量大点的 SUV，小车开那样的山路比较累。

赵先森 · 男 · 某公司职员 · 自拍狂人

我在泰国租车，用新版驾照和护照就可以了（给他们复印件，别押原件在别人手里，可以以住宿地点要使用护照为理由）。建议出发前给车拍摄不同角度的照片，以避免还车的时候出现问题。如果你没有靠左行驶的经验并且没有在曲里拐弯、上下浮动比较大的山路上开过车的话，还是放弃吧。

★ 租车自驾资质要求

一般来说，驾驶员的年龄会限制在 25 周岁到 65 周岁之间，年龄在 25 周岁以下需在当地支付一定的年轻驾驶员风险金。不同的租车公司会对驾驶员有不同的年龄限制，有些需要 25 周岁以上，有些则只需要 21 岁以上。驾龄一般要求最低要满 1 年，部分高级车型需要驾龄满 2 年。

★ 车友常用的自驾租车网

租车在泰国自驾游，车友常用的预订网有租租车、Rentalcars、Hotwire、Economycarrentals 等，通过这些租车网站，可以用最短的时间把性价比最高的车子找出来。

车友常用的自驾租车网推荐		
名称	特色	网址
租租车	国内租车代理，提供完善的多国租车代理服务。提供免费的 GPS 出租是一大亮点，价格有一定优势	www.zuzuche.com
Fast Car Hire	可以选择廊曼机场取车、曼谷市内还车	www.fastcarhire.co.th
Rentalcars	不做实际的租车业务，对 Hertz、Avisa、Budet 等租车公司的数据进行比价，能找到性价比高的车子	www.rentalcars.com
Hotwire	可比较 Budget、Hertz 等的价格	www.hotwire.com
Economycarrentals	价格比其他公司低，服务好	www.economycarrentals.com
Carhire3000/Rentalcars	与 Rentalcars 共用数据库，登录网站界面不同，拥有更多的租车公司支持，可在多家租车公司的备选车辆中进行选择	www.carhire3000.com
信诺全球租车（Auto Europe）	提供丰富的租车信息，备选车辆多	www.autoeurope.cn

★ 学会挑选租车公司与车型

泰国主要的租车公司有北轮租车、Thai Rent A Car，常见的国际租车公司是赫兹（Hertz）、安飞士（Avis）和巴吉（Budet）。租车公司提供的车辆主要按照车型和大小规格分组，一般有经济型（Economy）、紧凑型（Compact Size）、标准型（Standard Size）和全尺寸（Full Size）等。

租车费用和保险根据车辆所属车组和尺寸而不同，大致为 1200~3000 泰铢 / 天，一周需 8000~15 000 泰铢。

泰国主要租车公司推荐

名称	特色	网址
北轮租车	规模较大，全国都有门店，业务主要在泰北，曼谷机场也有门店	www.northwheels.com
Thai Rent A Car	价格便宜，车辆很好	www.thairentacar.com
赫兹	拥有众多的车型可选择，车况较新，装备GPS，并提供短期租赁服务——日租、周租和月租	www.hertzthailand.com
安飞士	全球第一大汽车租赁公司，租车网点密布全球	www.avis.com
巴吉	拥有较多营业网点的租车公司，租车要求使用信用卡	www.budget.co.th

主要租车车型

车型	特色	代表
Economy（经济型）	经济型的微型车，耗油最省，最多可载4人，建议不超过3人，通常为两厢，行李箱较小，可装两只标准登机箱	雪佛兰爱唯欧、现代雅绅特、丰田雅力士
Compact（紧凑型）	适合家用，较省油，最多可载4人，建议不超过3人，有两厢车型和三厢车型，行李箱一般可装一件大行李和一只标准登机箱	福特福克斯、道奇酷博、尼桑骐达
Standard/Intermediate（标准型/中档型）	适合家用，油耗适中，最多可载5人，建议不超过4人，多为三厢车型，行李箱可装两大件两小件行李	现代索纳塔、起亚远舰、丰田花冠
Fullsize（全尺寸）	大型轿车，适合长距离旅行，较为耗油，最多可载5人，三厢车型，行李箱可装两大一小三件行李	道奇公羊、福特金牛座、日产阿蒂玛
Luxury/Premium（豪华型）	大小与全尺寸车辆相同，配置更全面豪华，较为耗油，最多可载5人，三厢车型，行李箱可装两大一小三件行李	克莱斯勒300C、福特皇冠
Van/Minivan（面包车/小型面包车）	适合较多人数家庭出游和拼车出游，适合长距离旅行，可载7人，可装载较多行李	道奇凯领、克莱斯勒、别克GL8
SUV（多功能运动车）	旅行用车多面手，可在路况较好的公路奔驰，也可在野地行驶，适合长距离旅行，较为耗油，按座位数可分5座和7座，可装载较多行李	M级：福特翼虎、吉普自由客；S级：大切诺基、福特探索者、雪佛兰开拓者；F级（7座）：雪佛兰
Exotic/Special（特殊车型）	个性突出的敞篷跑车，适合风景秀丽的景区公路观景，最多可载4人，较为耗油，车厢紧凑，可装载两件小行李	福特野马版敞篷、克莱斯勒赛百灵

★ 学会网上租车

① 以 Thai Rent A Car 为例，登录其官网：www.thairentacar.com，填写租车信息

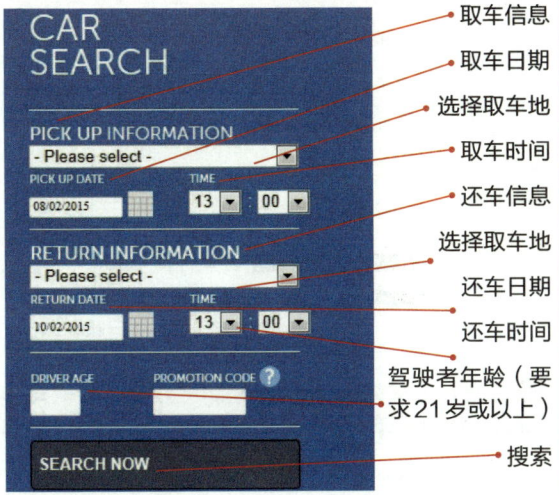

- 取车信息
- 取车日期
- 选择取车地
- 取车时间
- 还车信息
- 选择取车地
- 还车日期
- 还车时间
- 驾驶者年龄（要求21岁或以上）
- 搜索

② 出现系统自动搜索结果，选择需要的车。也可以在左栏选择车型，有针对性地选车。"PAY LATER"是到达泰国后柜台付款，"PAY NOW"需在线支付，"SOLD OUT"为已选完的车

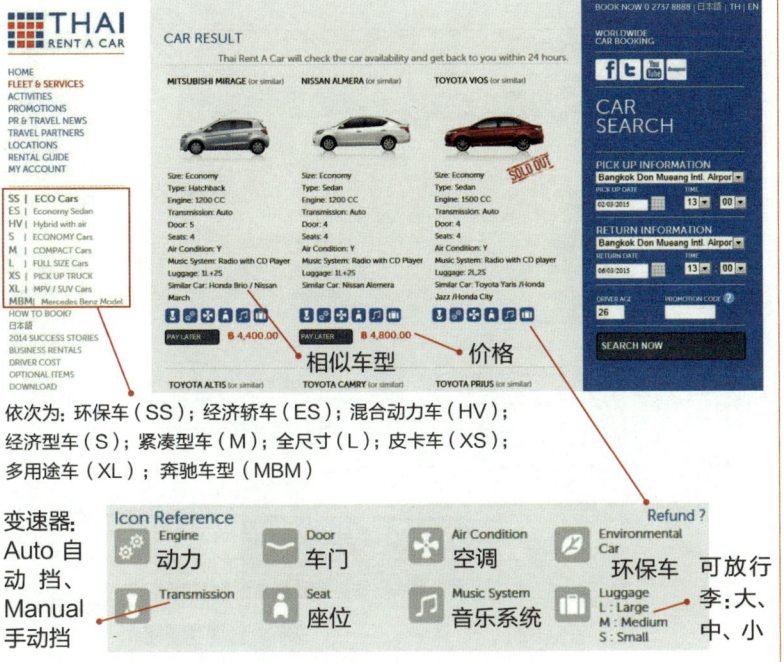

依次为：环保车（SS）；经济轿车（ES）；混合动力车（HV）；经济型车（S）；紧凑型车（M）；全尺寸（L）；皮卡车（XS）；多用途车（XL）；奔驰车型（MBM）

变速器：Auto 自动挡、Manual 手动挡

相似车型　价格　环保车　可放行李：大、中、小

③ 登录页面，如果是会员，输入相关信息登录；如果不是，直接点"JUST BOOKING"

会员填写相关信息后登录

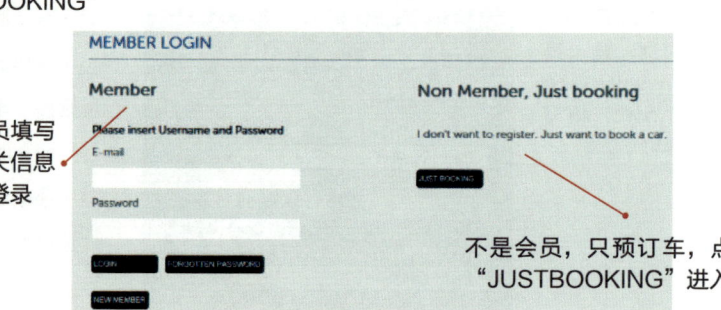

不是会员，只预订车，点"JUSTBOOKING"进入

④ 查看所选车辆信息，选择附加可选项目，若需要，可在前面方框点一下，相应价格标示在右侧。完成所有选项后，点"CONTINUE"继续

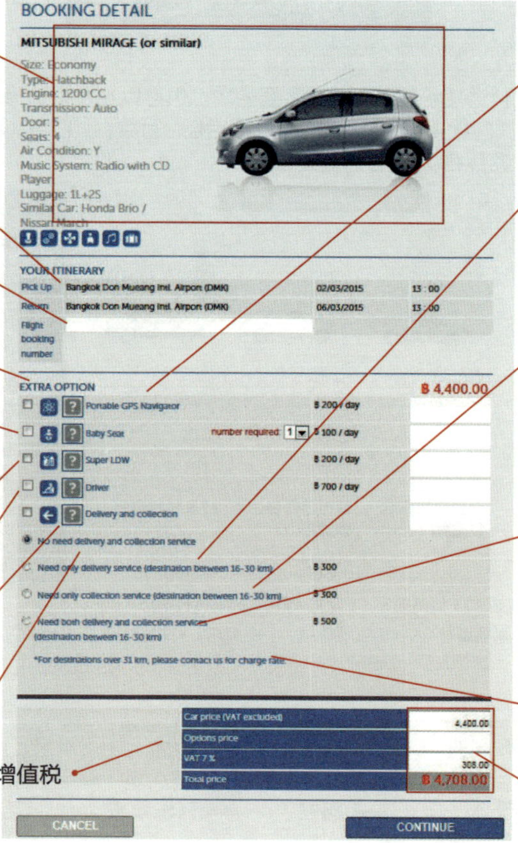

- 所选车辆信息
- 取车、还车信息
- 航班号
- 附加选项
- 儿童座椅
- 车损险不计免赔
- 驾驶者
- 上门取送服务
- 不需要
- 增值税

- 便携式GPS导航仪
- 只需运送服务（距离 16 ~ 30千米）
- 只需收取服务（距离 16 ~ 30千米）
- 两种服务都需要（距离 16 ~ 30千米）
- 距离超过31千米，请联系我们改价格
- 费用明细

❺ 根据要求填写相关信息，填完后点"REQUEST BOOKING"，之后订单确认信息会发送到邮箱

BOOKING DETAIL

DRIVER 司机
No. Name — 名　　Surname — 姓　　Position — Main Driver

CONTACT DETAIL 联系人详细信息　(*Please fill data in english only.)

- Title 称呼 (Mr.)
- First name(s) 名
- Surname 姓
- ID/Passport 护照
- Address 住址
- City 城市
- Zip/Postal code 邮编
- Country 国家 (THAILAND)
- E-mail 邮箱
- Phone 电话
- Credit card number 信用卡号

没有预订费，需要您的信用卡只为了保证您的预订

Any additional comments 其他任何附加描述

Would you like to receive our special email? 您想收到我们的特别电子邮件吗？
- Yes, sign me up
- No, not at this time

Please type code 输入验证码
OTOM
(Code)

BACK　　REQUEST BOOKING

WORLDWIDE CAR BOOKING

CAR SEARCH

PICK UP INFORMATION
Bangkok Don Mueang Intl. Airport
PICK UP DATE: 02/03/2015　TIME: 13:00

RETURN INFORMATION
Bangkok Don Mueang Intl. Airport
RETURN DATE: 06/03/2015　TIME: 13:00

DRIVER AGE: 26　PROMOTION CODE:

SEARCH NOW

管家提示

租车时，根据需要选择适合自己的车型，可从人数、行李、路线考虑，注意所选车型是否有千米数限制。签合同时要清楚保险条款里包含的项目，如果异地还车还要提前咨询是否会产生异地还车费用。

PART 6　如何在泰国自驾游

NO.3 提车

过来人经验谈

锦秋·男·某公司总经理·热爱摄影

这次泰国自驾游选在甲米岛，出发前并没有提前预订，到了岛上才找租车公司。通过到机场接机的人，我们顺利找到了租车公司，问了一下价格和车型，我们基本上就订下来了。租车公司的人直接把车开到我们住的地方，当场办理手续。有个租车合同，上面需要我们填的信息不多，主要填了驾驶者和驾照的信息。没有要求看翻译件，其实我们也没有准备，因为自驾是临时决定的，没想到居然可以租到车。

★ 如何前往租车点

机场及其附近

租车公司柜台在机场航站楼内：根据指示路牌（Rental Car Agencies）直接前往柜台办理取车手续，在机场内进行取车。

机场外的租车公司门店：在航站楼中寻找"Rental Car Shuttles"或类似的标志牌，按照指示抵达免费接驳车停靠站台。选择车身带有所选租车公司标志的穿梭巴士，向司机出示预订单，即可以与同伴一起携带行李乘坐免费穿梭巴士抵达车行门店。

市区及下榻酒店附近

若预订取车点在市区及下榻酒店附近，市区有的门店在工作时间会提供一定范围内的送车服务，只需向他们提供具体时间和地点。至于是否收费，需提前咨询，不同公司规定不同。

★ 如何办理提车手续

需出示的材料

护照：携带本人护照。

驾照：中国驾照原件和驾照公证翻译件或国际驾照。

信用卡：VISA、MasterCard 等有效的国际信用卡，必须是驾驶者本人的信用卡，所提供的信用卡必须确保有足够的信用额度。

租车凭证（即订单）：发到邮件里的预订确认信息，是付款的凭证，也是提车时的主要证明。需要自行将该电子凭证打印两份，一份自行保存，一份在提车时出示，租车凭证上记录有租车的所有信息，包括全球免费服务电话等重要信息。

办理手续

1. 柜台办理租车手续：将材料交给柜台工作人员。

2. 核实信息：工作人员核实租车者身份、预订信息及驾照等，交代各种事宜。

3. 信用卡担保：刷卡冻结押金，还车结算时，扣除实际发生额并归还其余冻结款。

4. 签订租车合同：仔细阅读租车合同中的内容条款及合同内相关的增值服务项，确认无误后签字，保管好所有合同及单据。

5. 车场取车：手续办完后，由工作人员带领到车场取车。与租车公司的工作人员一起验车，检查车辆状况，并在检查表上打钩。检查完后，签完字就可以提走车。

tips

预授权也就是通常说的押金，提车的时候通常租车公司会为用户的信用卡做一下预授权（冻结信用卡一部分金额），通常是 300~500 美元或欧元，还车后通常两三周内自动解冻。

管家提示

提车时需仔细留意柜台员工的说明，不必要及不强制购买的服务需要考虑清楚，若不需要可拒绝购买，不要签字确认。提车后，要注意不能在车里抽烟，若旅途中出现抛锚等意外，可以联系租车公司。出事故了要第一时间报警，之后再联系租车公司。

NO.4 驾车

 过来人经验谈

 爱在驴途・男・自由职业者・大神级别

在泰国驾车，由于是右舵左行，我们刚开始开车的时候有些不适应，最容易犯的错误是打转向灯的时候经常错打了雨刷器，这样的错误我们至少犯了3次。如果在路上开车，看到一张中国脸的人在开车并有类似错误出现，一般就是我们的同胞，错不了。开多了习惯后，也学会了不少技巧，错打雨刷器的问题容易解决，只要记住左手只负责换挡就简单多了。此外，在泰国，摩托车比较多，并线、超车、停靠时一定要看看后视镜。

★ 规划线路有张有弛

在泰国自驾游玩，建议每天开车时最多4小时休息一次。根据拟定好的自驾线路，通过谷歌地图研究、定位感兴趣的落脚点，规划好中途休息站，了解每一段路程的大概驾驶时间，做到有张有弛。

泰国景观公路推荐		
名称	特色	资讯
清迈安康山公路	以俯瞰城市美景而闻名，沿途栽满了粉红色的樱花，樱花花期在每年的12月至次年1月	位于方路（Fang Road）约13千米处，从清迈来约需3小时
尖竹汶府 Kung Wiman 沿海公路	泰国东部最美的沿海公路，是泰国电影与广告最钟情的拍摄场地之一，公路沿着 Kung Wiman 海滩呈现 S 型蜿蜒而去，在 Noennangphaya 观景台可欣赏整个海滩的壮美风光	位于泰国东部尖竹汶府 Aayaiarm 县，距离尖竹汶府的直辖市大约50千米，最佳游玩时间为每年11月至次年5月
夜丰颂府 Doi Mae U-Kho 山公路	公路两边种满了金黄色的墨西哥向日葵，除了可以欣赏到大片的向日葵花田，还能欣赏到仙境般的云海	位于夜丰颂府 Doi Mae U-Kho 山，每年的11月到12月初是观赏向日葵的最佳时间
碧差汶府 Phu Tabberk 山公路	从山脚村庄通往山顶的公路，沿途有大片绿油油的卷心菜田	碧差汶府 Phu Tabberk 山，最佳观赏季节为泰国雨季
Chiangmai Lampun 公路	路旁高大的橡胶树树干上缠着黄布，并插满泰国国旗和象征国王的旗帜，在云雾缭绕的早上开车，感觉非常奇妙	从清迈府边界跨入南奔府的公路上

★ 了解当地驾车习惯

泰国驾驶和国内不一样，车辆靠左侧行驶，方向盘位于驾驶室的右侧。泰国很多十字路口都设有环岛，没有红绿灯或其他路标，车辆可以一直左转，直至找到出口，或者径直向前行驶。注意主动避让行人，还要注意小型摩托车和突突车，不要随意变更车道。在泰国，不建议您夜间在公路上行车，因为夜间卡车较多，汽车行驶比较危险；逆向行驶的摩托车也是巨大的交通隐患。

★ 熟悉当地交通规则

泰国的交通法规非常特殊，规定了只要发生交通事故，不管事故是由司机还是行人的不当行为引起，司机都需要对这起事故承担责任，并赔偿一切相关损失。但如果是行人行为不当引起的，在法庭正式裁定事故赔偿前，司机可以不被拘留等候庭审，而且无须交纳保证金。泰国法律还规定，所有机动车车主必须购买第三者责任保险，以保证事故发生时机动车车主有能力偿付给行人带来的损失。

1 不要任性按喇叭

泰国人认为按喇叭是不礼貌的行为，所以很少按喇叭，在一些医院或严肃的公共场所更不能按喇叭，只有必须要防止事故发生时才可以按喇叭，但声音不能过长。

2 转弯时

如要转弯的时候，应先在30米之内打开信号灯，或使用手势信号上下摆动手臂，然后减速行驶，要让其他车辆先过。

3 超车时

如若超车，要提前打开信号灯，一定要注意向右超车。禁止在桥上、狭窄路面、转弯道、前面有火车道或障碍物、60米内有雾、雨、灰或烟的时候超车。

4 等红绿灯时

当看到红灯变绿灯的时候，应注意让另一段路的车辆全部通过，待确定安全，再放心通行。有些路口没有红绿灯，要减速慢行，谨慎驾驶。

5 行车道行车

在同一行车道行驶的车辆，应让速度快的车辆先通过。行驶在单行道上，要与前面的车保持一定的距离，不能原路返回。行驶在双行道上，车辆尽量靠左行驶。

6 遇到交警

当交警吹口哨时，要马上停下。当交警再连续吹两声口哨时，表示可以走。被交警下罚单时，如若不交，交警有权把车拉走。

7 发生意外时

发生意外时，立即拨打泰国当地24小时报警电话191、救护车1669或1691。不管有无责任，都应如实到警局做笔录，不然超过6个月，将会成为责任方。

★ **道路标志解读**

道路标志系统遵循国际惯例，使用泰语和英语双语标志。

 让路　 停　 小心火车　 禁止进入　 限速30Km/h　 限5.5吨内　限4.2米高以下

货车禁入　巴士禁入　摩托禁入　 单车禁入　 不可掉头　不可右转　 不可超车

禁止停车　禁止长时间停车　 保持向左

★ **公路收费**

泰国的公路收费站很多，收费价格比国内低。城市内第1和第2阶段的高速公路费：轿车、面包车等4轮车子50泰铢，6～10轮的车子75泰铢，10轮以上的车子110泰铢。拉玛九、蓝康恒、诗娜卡琳等城郊外的高速公路费：6～10轮的车子55泰铢，10轮以上的车75泰铢。曼谷至春武里府Buraphavithi高速路收费：20千米内6~10轮车收费50泰铢，10轮以上为75泰铢；每超过1千米，4轮车收1泰铢30分、6~10轮2泰铢60分、10轮以上3泰铢90分。

泰国高速公路收费方式

1. Bangna-trat，按里程收费。
2. Motorway，按站收费。
3. 市内快速道，按站收费。只有大曼谷区的快速道需电子缴费，其他都可使用现金。

★ **掌握停车技巧**

除了曼谷市中心，泰国大部分城市均可随处停车，停车前要看清泊车点是否会阻塞交通。除了有停车标志以外，也应注意尽量向左停靠。在市中心，大部分商场酒店均提供免费停车场，景点的停车场多数也可免费。如果要在光线暗的地方停车，一定要开启信号灯，可以让150米之内的人看到，以确保安全。违章停车，一般罚款200泰铢。

tips

有些地方的路段双日或单日不能停车，对于双日和单日，泰国人有两种说法，一种说法是：双日是每个月带有0、2、4、6、8数字的日期，单日是每个月带有1、3、5、7、9数字的日期。另一种说法是：周日=1、周一=2、周二=3、周三=4、周四=5、周五=6、周六=7，所以双日就是周一、三、五，单日就是周日、二、四。各城市规定不一，可在旅游资讯中心或当地交通局询问后，按规定停车。此规定仅限于路边停车，正规停车场不受限制。

★ 一图学会加油

泰国的加油站由壳牌、美孚、埃索、佳士得、泰国国家石油公司（PTT）等公司经营，加油站的品牌柱一般高高耸立在路边，上面标注着91号、95号等各种标号的汽油、柴油价格，行车中远远就能看到。在夜间，加油站服务区的彩色灯光十分明亮、耀眼。

汽油标号

汽油分为91号红色（相当于国内的93号）、91号绿色和95号绿色（95号相当于国内的97号），91号红色是纯汽油，也叫"Gasoline"；91号绿色和95号绿色含酒精10%，也叫"Gasohol（酒精汽油）"。一般汽车加91号红色汽油，含酒精汽油反而更贵。

加油

在泰国加油，有自助与人工服务两种方式，加油方法与国内很像。在有人工服务的加油站，只需选择加油类型，将车开到空闲点，工作人员就会过来服务，告诉工作人员加多少钱或多少升油，之后可用现金或信用卡付费。如果在自助加油站加油，需自己投钱并拿油枪加油。

- 价格
- "STOP"停止按钮
- 油枪

tips

泰国加油站干净整洁，设施非常齐全，有便利店、加水机、汽车快修、补胎充气、快餐、咖啡店、自助银行等，有些加油站还有大卖场类型的超市。司机进加油站已不完全是加油，还可以享受修车、购物、喝咖啡、吃饭等多种服务。

★ 意外处理

车辆故障

如果车辆出现故障或被损坏，可直接联系租车协议上的门店或道路救援电话，租车公司会及时提供相应的帮助。

超速

泰国道路几乎没有限速指示牌，一般公路最高限速 130 千米。超速一般罚 100~200 泰铢不等。

交通事故

遇到交通事故要第一时间报警，再跟租车公司了解处理方法。

tips

若发生意外，需要离开车辆，注意携带好随身物品，或将物品放置在后备厢等位置以降低被盗风险。

★ 随车设备有备无患

GPS 导航仪

一般租车公司都有 GPS 导航仪提供，可提供中文（普通话和粤语）导航。GPS 导航仪可以在预订或取车时索取。

千斤顶一套

千斤顶要事先检查，看看是否完好、配件是否齐全，还要看看自己是否会正确操作。

警示标志

随车提供的警示标志至少要带一副，车辆出现故障需要在路边修理时，应按照交通法的要求在车后一定距离处放置，提醒后车注意。

拖车绳

根据自身车辆重量选择合适的拖车绳，尽量选有固定拖钩的专业拖车绳，避免拖钩掉落。不建议用金属绳，避免崩断时砸烂玻璃或伤人。

管家提示

由于受左舵车的视角限制，开车时注意与前面车辆保持比右舵车辆更大的距离，尽量避免超车。如遇交通事故，可拨打 24 小时报警电话 191 求助；如需救护车，拨打 1669 或 1691；一般旅游求助电话为 1155。

PART 6 如何在泰国自驾游

NO.5 还车

 过来人经验谈

 赵先森·男·某公司职员·自拍狂人

在泰国自驾，还车并不是一件很难的事情，我们直接在酒店还车，有人来收车。还车的前一天，我们在回程的路上找了加油站，当时不知道什么原因，加不了油，所以我们是没加满油还车的。租车公司的人直接到酒店验车，我们告诉工作人员在加油站没加到油，好像最后收取了450泰铢的油费。他们检查了车，没什么问题，让我们签字，押金还给我们，最后把车开走了，一切都很顺利。

 爱在驴途·男·自由职业者·大神级别

还车时，我们没有选择异地还车，直接把车开到机场的还车点。前往机场还车点挺方便的，在进入机场的范围，道路上可以看到租车公司专用的"Rental Car"指示牌，按着指示走正确车道即可抵达。那里的工作人员对我们所开的车进行了简单的检查，记录了一下还车时间和车辆状况，给了我们发票，就说可以走了。

★ **机场还车轻车熟路**

机场还车非常方便，进入机场范围一般都有明确的租车还车指示牌，很容易就能找到还车的门店。

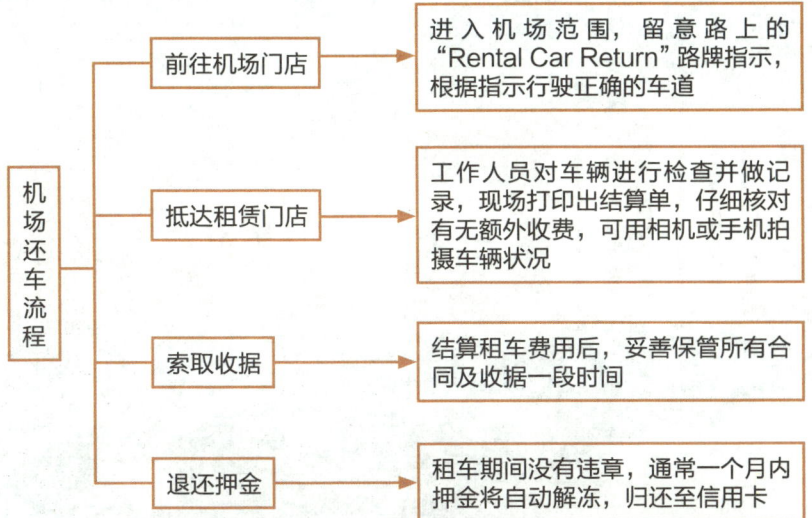

机场还车流程:
- 前往机场门店 → 进入机场范围,留意路上的"Rental Car Return"路牌指示,根据指示行驶正确的车道
- 抵达租赁门店 → 工作人员对车辆进行检查并做记录,现场打印出结算单,仔细核对有无额外收费,可用相机或手机拍摄车辆状况
- 索取收据 → 结算租车费用后,妥善保管所有合同及收据一段时间
- 退还押金 → 租车期间没有违章,通常一个月内押金将自动解冻,归还至信用卡

★ 异地还车方便快捷

如果不想走回头路,可以选择异地还车。泰国不少租车公司支持异地还车,在网上预订时,只要在选择完取车门店和还车门店后能够顺利完成预订,订单就有效,也就支持异地还车。

管家提示

尽量不要超出预订的还车时间,如需推迟,必须提前告知租车公司。还车前,把车洗干净。租车公司一般会要求加满油再还车。按要求返还车辆后,将租车文件和相关单据保留至少28天,以便核对信用卡结算结果。

NO.6 自驾新方式

过来人经验谈

旅行者－阿鬼·男·专业旅行者

泰国是摩托车的天堂,租一辆摩托车穿梭于大街小巷,十分惬意。这次旅行,我们在清迈体验了一把骑摩托车的乐趣。在清迈租用摩托车十分方便,在租车行押一本护照即可,一天租金一般不会超过100泰铢,油需自己加。骑着摩托车畅游清迈古城,吹着风,看着沿路的风景,走走停停,看到路边的美食可以停下来吃,看到好景色可以停下来拍,在随性、惬意中感受不一样的情调。

★ 拉风的摩托车

泰国租摩托车非常方便,一般车行都能提供很多种类的摩托车供游客挑选,排量以50cc～150cc的踏板为主,150cc～400cc排量的日系跑车也很常见。相对名贵一些的哈雷和宝马摩托车在曼谷和南部岛屿上可以租到,泰北地区不多。

租车要求

1. 有摩托车驾驶经验者。
2. 无摩托车驾驶经验,需有半年以上开电瓶车的经验。

租车处

有"Motorcycle For Rent"牌子的一般就是租车行,很多租车行外摆放有许多摩托车,一目了然。

租车费用

普通踏板车 200 ~ 300 泰铢 / 天、大型摩托车 300 ~ 500 泰铢 / 天、重型机车(哈雷系)800 ~ 1500 泰铢 / 天,一般没有押金,汽油自加。如果摩托车驾驶经验不足,建议选普通踏板车。

租车注意事项

1.租车时,要认真检查车辆、油表、转向灯、大灯、反光镜、轮胎、车漆等,不放心可拍照记录。摩托车的大灯是车启动就亮,不能熄灭,不要以为是灯坏了。

2.如果摩托车要载人,两个人都要戴头盔,头盔选较新的。此外,可以让店家再给两件塑料雨衣,很实用。

3.大部分租车行都要押护照原件,小部分可以押现金。

加油

摩托车在出租的时候油箱几乎是空的,租后基本要加油,一般加 91 号油。主要有四种加油方式:路边的加油瓶(很常见,一般 40 泰铢 / 500 毫升)、私人加油站、自助加油机、大型加油站。摩托车耗油少,一般在路边加就可以,50 泰铢的油基本可以开 50 千米。

管家提示

拿车的时候要检查车的外观和机件的性能,如外观有损坏可拍照作为证据。押金能不交就不交或者少交,也可在租车的时候说只租一天,然后用够了再还,超出天数的租金就在押金里面扣。

在清迈如何租摩托车

在清迈最方便的出行方式就是租个小摩托,押护照的时候只给复印件就行。按车型 100 ~ 250 泰铢 1 天,可选 50 加保险。100 泰铢的车子基本绝迹,古城外租车一般比古城内要便宜点,200 ~ 250 泰铢能租到比较新的车,要注意刹车和千米数。尽量找有门面的租车点,租车一般都是 24 小时算 1 天,所以考虑到还车,请找离自己住宿相对方便的地方。租车的时间特别是最后 1 天最好算好,因为每家店关门的时间不同,有的 6 点关门,有的 8 点关门;如果当天还,最好和店家确认大致的时间。

在普吉如何租摩托车

普吉的路不好走,因为多修在山上,很陡,是有点危险的,本地人又开得特别快,所以一般不建议租摩托车!在普吉租摩托车,一天约需 200 泰铢。租车点一般要求留护照原件,但最好是只留护照复印件。为了自身安全,也为了不给警察罚款的理由,驾车必须戴上头盔。加油站是自主的,没有专人服务,你要先选择加多少钱的油,然后工作人员告诉你在哪个机器上加,机器会按照你选择的钱数出油;因为不好把握,很容易浪费油,所以租车前最好问问车主应该加多少钱的油,加油站在哪里。

专题：
从国内自驾到泰国

到泰国旅游的人数逐年增多，从国内自驾到泰国的人数也有增无减。对于跨境驾车，如果不了解车辆入出境手续、当地驾驶习惯等，遇到突发状况时，容易纠纷不断。从国内开车到泰国，需经过老挝，出行前要准备老挝和泰国出入境资料。

★ 出行准备

出发前，需要准备好身份证、护照、驾驶证、机动车登记证书、行驶证等证件，2寸照片2张，养路费、购置税、车辆使用税等缴纳凭证。

★ 跨国车辆入出境

1. 入境手续及材料

（1）持本人有效护照及来泰签证、合法驾照（Valid Driver's License）、《车辆登记本》（Vehicle Registration Handbook）在入境口岸的泰国海关办理手续。海关审核材料，现场打印《车辆

入出境报关表》（Customs Declaration Form）并留存原件，复印件退给申请人。

（2）持本人有效护照及来泰签证、《车辆入出境报关表》复印件到泰国移民局（与海关同一办公地点）办理手续，填写《入出境卡》（Arrival & Departure Card）、《车辆信息表》（Information of Conveyance TM2）、《乘客信息表》（Passenger List TM3）。移民局在申请人护照、出境卡、TM2表上盖入境章，将出境卡订在护照签证页，并留存入境卡、TM2及TM3表原件，复印件退给申请人。（《车辆信息表》《乘客信息表》可到网站下载：www.chinaembassy.or.th/chn/lsbhyqw/1w1/t1229738.htm）

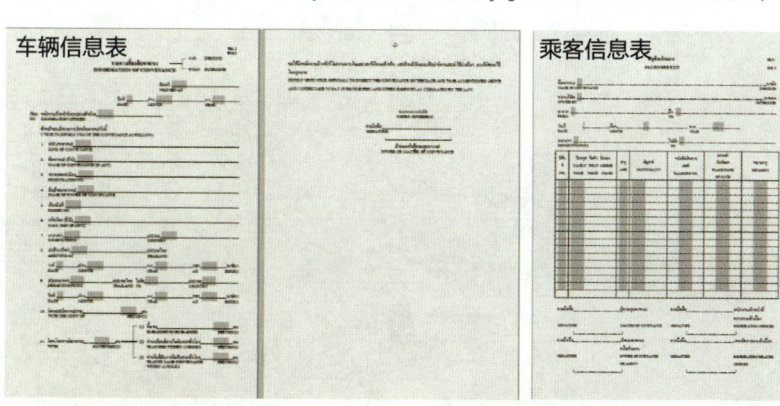

2. 出境手续及材料

（1）持本人有效护照及泰国签证、出境卡、TM2及TM3表的复印件，到出境口岸的泰国移民局办理手续。移民局收回复印件、出境卡，在护照上盖出境章。

（2）持本人有效护照及泰国签证、《车辆入出境报关表》复印件到海关办理手续，海关收回复印件。

（3）外国车辆在泰国停留时间一般不超过30天，违者罚款为1天1000泰铢，最高不超过10 000泰铢。

★ 保险

泰国移民局规定，外国公民在泰自驾游，必须购买泰国当地的交通安全保险，投保公司、险种和保额不限。入境口岸出售最基本的交通强制险（Compulsory Insurance），此险只保受伤人员，不保车辆。泰国交通事故赔偿主要依靠保险，额外索赔须通过民事诉讼实现，比较耗时耗力。建议出国前购买境外人身意外保险，入境时再购买泰国当地交通安全保险。

Part 7
泰国主题游精选

NO.1 寺院之旅

　　泰国被誉为黄袍佛国,这里是全球著名佛教寺庙的集中地,最为出名的佛教寺庙有卧佛寺、玉佛寺、黎明寺等,每一座寺庙都朴实无华,在泰国人民心中却是圣地。

 过来人经验谈

 爱在驴途·男·自由职业者·大神级别

　　参观佛寺尽量穿长衣长裤,在门口也有衣服免费提供。入门口处有一小型建筑,第一个柜台是收取换衣服的押金、每件100泰铢,旁边柜台是出来后退押金的地方,里面是男士和女士的更衣间。从该处建筑出来后继续前行100米左右可到达售票处。因系人文历史建筑,门口处提供出租GUIDE RADIO服务,包括中文有8种语言,租金200泰铢,需押护照。

金佛寺

　　金佛寺(Wat Traimit)是泰国著名寺庙,大约有400年历史,因为寺内供奉一尊世界上最大的金佛而得名,又相传金佛寺是由三个华人共同出资建造,所以金佛寺又称三华寺。寺内金佛是素可泰时代的艺术品,高约4米,全身金光闪闪,是泰国的无价之宝。走进金佛殿,你就会看到金光灿烂的金佛盘腿端坐在洁白的基座上。金佛殿空间不大,但找个坐下来冥想的位置还是有的。据说金佛寺许愿很灵,因此吸引了一大批游客。

- 🏠 **地址** 曼谷市唐人街末端
- 🚇 **交通** 搭乘地铁 MRT 线到华南蓬站下车，向西北步行约 500 米可到
- 💲 **门票** 20 泰铢
- 🕒 **开放时间** 8:00 ~ 17:00

tips

进入金佛寺必须衣着端庄，穿着长裙或长裤。进入金佛殿必须脱鞋，赤脚才能进入，其他一些地方也需要赤脚进入，要留意指示牌。另外，虽然寺庙没有禁止拍照的规定，但为了表示尊重，还是不要拍照为好。

卧佛寺

卧佛寺又称菩提寺，始建于 16 世纪末，是泰国历史最为悠久、规模最大的一座寺院。寺内有世界上最大的卧佛，这尊卧佛像长约 46 米，高约 15 米，每只脚的脚底长达 5 米左右，脚底上还刻有 108 个吉祥图案。殿堂四壁以描写佛祖生平的巨型壁画相伴。庙周围栏杆的柱子和柱子之间，还有 150 多幅以大理石雕刻的《拉玛坚》故事浮雕图案，具有很高艺术价值。

- 🏠 **地址** 曼谷市戚图蓬巷
- 🚌 **交通** 曼谷市内乘 1、12、75 路等公交车可到
- 💲 **门票** 50 泰铢
- 🕒 **开放时间** 6:00 ~ 17:00

tips

1. 卧佛寺是泰国的医学中心，至今仍有一所泰国古典按摩学校，正中的医药亭描绘有泰国古式按摩涉及的身体穴位。按摩费用为排队 250 泰铢/小时、不排队 500 泰铢/1.5 小时、加草药 300 泰铢/小时。

2. 在卧佛寺，可以用小面额的钱币来表达祈福和祝愿之意。钱币可以提前换好，也可以从工作人员处换硬币投到青铜碗里。在卧佛背后还有一排陶钵，如果把硬币一个一个放进去，要花不少时间。

PART 7 泰国主题游精选

玉佛寺

玉佛寺又称"护国寺",是泰国最著名的佛寺,也是泰国最大的寺院。寺内有玉佛殿、先王殿、佛骨殿、藏经阁及钟楼、金塔等建筑,集中了泰国佛寺建筑艺术的特点。环绕佛寺走廊有多达178幅拉玛坚壁画,让人叹为观止。整个佛寺装饰金碧辉煌,大雄宝殿内供奉的翡翠玉佛(释迦牟尼)与曼谷的卧佛、金佛并列为泰国三大国宝。

- 地址　泰国曼谷市中心
- 交通　从曼谷华南蓬火车站乘53、48路公交车可到

tips

1. 前来参观的人,衣着要整齐,男士不得穿短裤和无袖衫,女士不得穿无袖衫和迷你裙,要穿正式的长裤或长裙,不得穿拖鞋;如果衣服不合格,可在入口处借用免费衣服,但需交100泰铢押金,并且需要抵押护照或者信用卡。

2. 在寺庙中不得大声喧哗,不得攀爬任何建筑物,室内不得照相或摄影,进寺内必须先脱鞋,鞋要放在走廊上。

巴侬舍利塔寺

巴侬舍利塔寺是泰国东北部保存最完整的寺庙之一,也是湄公河畔的朝圣之地,以老挝风格的砖墙灰泥的舍利塔而闻名。据说这座舍利塔始建于1500年前,在释迦牟尼圆寂后,为了供奉佛祖的胸骨舍利而建,曾重建多次。现在的寺庙外观以老挝万象的塔銮佛塔为模板而设计,呈特殊的莲花风格,塔上装饰着黄金制成的多叶莲花,以及金环和玉环等。

- 地址　泰国东北部塔帕农
- 交通　从素林可以乘坐公交车前往
- 开放时间　7:00～17:00

> **tips**
>
> 每年节日期间有成千上万的朝圣者来到这里表示他们的虔诚,不少朝圣者来自老挝,对于他们来说,这座寺庙是除了老挝万象的塔銮佛塔外最重要的朝圣之地。

帕侬蓝寺

帕侬蓝寺位于帕侬蓝山山顶,是一座壮丽的高棉时期的印度教寺庙,被认为是泰国最大、修复程度最完好的高棉寺庙。寺庙全由石块砌成,其主体部分建于吴哥王朝阇耶跋摩二世统治时期,主殿面向东方,与吴哥首都(现柬埔寨暹粒郊区)遥遥相对。

- 地址　武里南以南约 50 千米处,帕侬蓝历史公园内
- 交通　从武里南、呵叻、素林市坐公交车可到,或租摩托车自驾前往
- 门票　40 泰铢
- 开放时间　8:00 ~ 17:30

> **tips**
>
> 游览此寺的最佳时间是 10:00 之前,此时空气清凉,光线也很适宜照相。帕侬蓝寺建筑面东而立,太阳光在一年中会有四次穿过神殿的 15 座门。这种阳光校准现象一般会出现在 4 月 3 日至 4 月 5 日、9 月 8 日至 9 月 10 日日出时,以及 3 月 3 日至 3 月 5 日、10 月 3 日至 10 月 5 日的日落时。这期间,帕侬蓝寺所在的历史公园会延时关门,以庆祝当地著名的帕侬蓝节。在 4 月的帕侬蓝节,还会有古代婆罗门教仪式和现代声光展示。

黎明寺

黎明寺又称郑王庙，始建于大城王朝，为纪念泰国第 41 代君王、民族英雄郑信而建，是泰国王家寺庙之一。寺庙规模仅次于大皇宫和玉佛寺，寺内主塔为婆罗门式尖塔，台基雕刻着精美的动物和众神像，有"泰国埃菲尔铁塔"之称。周围的 4 座陪塔，每座塔地基部分都有一尊雕刻的菩萨像和佛陀本生故事的描绘画。

- **地址** 吞武里城黎明阿玛林路 34 号
- **交通** 在曼谷泰田码头乘渡轮或搭乘 57 路公交车可达
- **门票** 50 泰铢
- **开放时间** 7:00 ~ 18:00

tips

1. 每年 12 月举行的皇家托的卡定祭典，是黎明寺的最大庆典，也是泰国王朝的重要祭典之一。
2. 如果坐船前往黎明寺，下船时可能会有人给一张门票后收 20 泰铢，这张票是没什么用的。售票处在黎明寺大门对面约 10 米处，很容易看到。

其他寺院

泰国其他寺院推荐		
名称	位置	交通
披迈石宫	湄公河支流蒙河河岸上一条通往吴哥的路上	从曼谷包车前往
双龙寺	清迈以西 16 千米	从清迈包突突车前往，再坐缆车上山

续表

名称	位置	交通
三宝宫寺	大城岛外东南端，湄南河西岸	乘渡船或从大城火车站搭迷你巴士前往
亚柴蒙考寺	大城岛外的东侧，大城火车站的南面	在大城火车站搭小巴或乘突突车约5分钟可到
大菩提寺	清迈西北部，清迈国家博物馆附近	从清迈乘坐突突车前往
蒲棉寺	难府市难河南岸蒲棉村	从难府市乘突突车前往
古道寺	清迈体育场和北护城河附近	从清迈乘突突车前往
金山寺	曼谷市拉查丹农大街	乘5、8、56、121路等公交车可到
真理寺	芭堤雅市的拉差尉岬	芭堤雅市内乘双条车，约100泰铢
灵光寺	清莱西南部，在清迈和清莱之间的公路边	从清莱中心汽车站乘客车前往，每人20~40泰铢；从清莱机场租双条车前往，每车200~300泰铢

管家提示

1 认识泰国寺院种类

泰国寺院一般分为皇室寺院和民间寺院，皇室寺院又分为特殊寺院、博士寺院、硕士寺院和大寺院。皇室寺院一般是国王或皇室御赐，也有民间特别有名的寺院被皇室赐名，曼谷的玉佛寺是泰国唯一的特殊寺院。

2 泰国僧人

泰国多数男人的一生中都有过一次出家经历，20岁以下受十戒（沙弥），20岁以上可以授具足戒（比丘）。出家前要去寺庙住上一段时间，学习规矩和背诵经文，师傅觉得可以之后，自己申请受戒，受戒日是家族最热闹的一天。

3 佛牌

在泰国，很多夜市、市场都会出售佛牌，有些泰国人身上带着几个甚至一串佛牌。人们相信这些佛牌能让自己改变运气或者满足自己的愿望，如果泰国朋友送你佛牌，不要用金钱来衡量它的价值。

4 进寺院的礼仪及禁忌

见到僧人要双手合十礼拜，僧人一般无须还礼。对僧侣应礼让，但不要直接给钱，女性不能触碰僧侣，如需奉送物品，应请男士代劳，或直接放在桌上。到寺庙参观，着装应整齐，不要穿短裤、短裙和无袖上装，进入主殿要脱鞋。此外，佛像无论大小都要尊重，切勿攀爬。

NO.2 王室建筑之旅

泰国拥有众多富有特色的王室,这些王室建筑也是泰国文化的精粹。建筑多用尖顶、木雕、金箔、瓷器、彩色玻璃、珍珠等装饰,精美绝伦。

 过来人经验谈

夏天的末儿·女·只是爱旅行,没有环游世界的勇气

如果打算去大王宫的话,一定要勤劳点,起个大早吧。不然,等到了那里就会发现,在火辣辣的太阳下,那个人多啊,那个队伍长呀。

大王宫

大王宫是曼谷一处大规模的古建筑群，也是泰国保存最完美、规模最大的王宫。其建筑为暹罗式风格，汇集了泰国绘画、雕刻和装饰艺术的精华，融合了欧洲、印度、中国等诸多文化元素，被称为"泰国艺术大全"。宫廷建筑以白色为主，四周筑有白色宫墙，皇宫主要建筑物有阿玛林宫、节基宫、律实宫和玉佛寺等。

- **地址** 曼谷市中心
- **交通** 在曼谷华南蓬火车站乘53、48路公交车可到
- **门票** 500泰铢
- **开放时间** 8:30～11:30，13:00～15:30（皇室举行仪式除外）

tips

大王宫除了在举行加冕典礼、宫廷庆祝等仪式和活动外，平时对外开放。在大王宫门前，如果有当地人以仪式举行、周末大王宫不对外开放等缘由，向你推荐其他的庙宇，不要轻易相信。即使有些庙宇确实在举行宗教仪式，但根本不影响大王宫的开放，可以到售票处询问。

泰王五世行宫

泰王五世行宫又称五世皇柚木行宫或维玛曼宫,为拉玛五世(朱拉隆功王)的行宫,是世界规模最大、质地最好的金柚木宫殿。宫殿为三层建筑,将西洋式建筑风格和泰国传统建筑风格融为一体,最让人称奇的是殿内梁、柱、楼板和架构的衔接竟然没有使用一颗钉子。殿内开放多间展览室、卧室、盥洗室等保留着当年的原貌,此外还有展示世界各国餐具和生活用品的博物馆。

- **地址** 曼谷叻猜威提路
- **交通** 曼谷乘 18、27、108 路等公交车可到
- **门票** 持大王宫门票的游客,可免费参观
- **开放时间** 9:30 ~ 16:00(15:15 停止入馆)
- **网址** www.vimanmek.com

tips
参观泰王五世行宫需要脱鞋,里面不能拍照,相机不能带进去,甚至任何包裹、贴身的腰包都不能带进去。

拷汪宫

拷汪宫位于碧差汶里府城境内的山丘上,曾是泰王最钟爱的宫殿之一,被命名为"帕那空奇里",为"山中之城"之意,目前已改为国立帕那空奇里博物馆。建筑融合了19世纪中期泰式建筑与中式建筑风格,整体外观散发着古朴、典雅的气息。从山坡上远望,很容易看见这座美丽的白色城堡。

- **地址** 距七岩35千米
- **交通** 包车前往需25分钟,约250泰铢,到山脚下后可选择步行或乘缆车上山
- **门票** 40泰铢

tips
乘缆车登上山巅之上的拷汪宫,不仅可以感受这座"山中之城"的灵秀气息,还可以俯瞰雅致的城市景观。在寝宫里有一处空间狭小的阶梯,仅能容1人攀爬,爬上阶梯后可看见拉玛四世的房间。

邦巴因行宫

邦巴因行宫又称泰国夏宫，初建于17世纪，是泰国建筑规模最大、最美的一处行宫。其建筑富丽堂皇、古色古香，融合了泰式、中式和西式风格。最引人注目的是一座水上皇亭，为泰民族的建筑代表形式之一。此外，夏宫内的天明殿是中国宫殿式建筑，从中可以领略中国建筑文化的传播与变迁。

- 🏠 **地址** 大城以南25千米，曼谷以北58千米
- 🚌 **交通** 在大城ChaoProm路上的ChaoProm市场乘小巴，约15分钟可到
- 💲 **门票** 100泰铢
- 🕐 **开放时间** 8:30~12:00，13:00~15:00

> **tips**
> 参观时要对王室尊敬，进入寝宫参观之前不仅要脱鞋，还要穿戴整齐。穿短裙的女士和穿短裤的男士要借免费的围裙把腿裹上。

爱与希望之宫

爱与希望之宫是一座以柚木支撑而起的木制高脚宫殿，中间以长廊相连，从陆上延伸至海滨，是比较有特色的夏宫。宫殿主要分为宴会大厅、拉玛六世寝宫和皇后寝宫三个部分，每栋建筑为二层或三层，设有多个房间，红色的屋顶带有明显的英式风格，柚木柱子典雅大方，带有殖民地风格。

- 🏠 **地址** 华欣远郊
- 🚌 **交通** 从华欣租突突车前往，单程250泰铢，往返450泰铢，单程约30分钟
- 💲 **门票** 30泰铢
- 🕐 **开放时间** 8:30~16:30，周三不开放

PART 7 泰国主题游精选

tips

1. 宫殿的地面都是柚木地板，不可以穿鞋进去，即使是在那里上卫生间，也要在门口换上工作人员预备的拖鞋。

2. 爱与希望之宫是一个需要用心去体会的地方，慢慢地游走在走廊里和各个厅、室，是最好的游览方式。只有这样，宫殿独有的情调与幽静、雅致，才会真正显露出来。

管家提示

1 王室成员地位高
在泰国，国王和王室成员非常受人尊重，王族的身份地位相当高，严禁任何游客和他们拍照。遇有王室成员出席的场合，最好是留意其他人的动作，跟着照做。即使是外国人也不要随便议论王室。

2 参观要服从安排
参观王室建筑，有些对穿着有要求，如大王宫和爱与希望之宫需脱鞋入内参观，不能穿短裤、短裙。此外，很多地方禁止拍照或禁止入内，注意看指示牌和服从工作人员的安排。

3 泰国的"故宫"
泰国王室建筑众多，其中大王宫民族特色最为浓郁，被称为泰国的"故宫"。这里除了用于举行加冕典礼、庆祝活动等，已经成为到泰国旅游必不可少的重要场所。

NO.3 海岛之旅

泰国漫长的海岸线上点缀着许多令人惬意的海岛,海岛成为泰国的名片之一。在岛上不仅可以充分享受阳光和海水,感受泰国热带海洋风情,还能进行游泳、浮潜、划艇、攀岩和观鸟等活动。普吉岛、苏梅岛、皮皮岛及芭堤雅是泰国最热门的海岛。

 过来人经验谈

 爱在驴途 · 男 · 自由职业者 · 大神级别

想去普吉岛?时间有限不知道怎样选海滩?普吉岛著名的海滩有3个,芭东海滩、卡伦海滩和卡塔海滩。其中,芭东海滩是普吉岛吃喝最方便的地方,所以人也最多,夜晚最嘈杂。我白天的时候没有去过芭东,只是晚上吃完饭走过,感觉就是一个字:乱。卡伦海滩人相对较少,而且海滩比较大,但是浪有点大。海滩晚上人很少,光污染比较少,可以来看看星空。卡塔海滩的人比卡伦海滩多一点,很多海上娱乐项目在这里都有,也有住宿,但是离芭东比较远,从机场来这里可能要花费更多的时间。刚刚到普吉,可以在芭东落脚,然后选择卡伦海滩作为根据地。一是卡伦海滩就在两个海滩中间,去哪里都很方便。二是人少,可以更清净一些。

PART 7 泰国主题游精选

普吉岛

普吉岛是一个被称作"上帝的宠儿"的地方,它是泰国最大的海岛,也是泰国最小的一个府。其景点以海岛休闲为主线,陆地上的景点相对较少,著名景点有芭东海滩、幻多奇乐园、攀牙湾等。岛上娱乐活动多种多样,可以到原始森林里骑大象,到高尔夫球场打球,也可以租一辆车沿着海岸线欣赏风景。在海上,还可以进行游泳、乘快艇、跳伞、划独木舟、驾帆船等水上活动。

- **地址** 泰国南部马来半岛西海岸外的安达曼海
- **交通** 北京、上海、广州、杭州、沈阳、南宁等地有前往普吉的航班

tips

每年11月至次年4月是普吉岛的旅游旺季。11月芭东海滩的狂欢节开始,普吉岛非常热闹。如果想体验探险的乐趣,岛上有很多具有独特的喀斯特地貌的洞穴,适合划独木舟探险。

苏梅岛

苏梅岛位于泰国湾,是泰国第三大岛,也是世界上著名的蜜月胜地之一,著名景点有查汶海滩、蝴蝶公园、纳蒙瀑布等。在这里,既能感受到温馨浪漫的自然美景,也能体验到丰富的夜生活。除了潜水,还可以享受正宗的泰式SPA。

- **地址** 泰国南部泰国湾
- **交通** 中国南航开通有直飞苏梅岛的航班,也可以到香港或曼谷转机前往

tips

1. 苏梅岛较为理想的旅行时间为11月至次年4月,但价格会比较高。5~10月属于旅游淡季,尤其是6~9月的雨季,由于这段时间内台风较多,很多酒店都会有优惠活动。
2. 岛上的环岛公路很窄,山上的路况比较差,很多地方没有柏油路,全是坑坑洼洼的土路,还有很多石块。如果租摩托车,一定要先和老板当面检查车况,避免还车时被欺诈。

甲米岛

甲米岛与普吉岛隔海相望，是安达曼海岸边最美丽的地方，也是一个如天堂般的热带半岛，岛北面的奥南湾值得一去。岛上拥有温暖而干净的沙滩，在这里可以感受远离世俗生活的慢节奏。这里有巨大的喀斯特岩石从翠绿色的海水中升起，让甲米岛成为世界最美的攀岩胜地之一。

- 地址　泰国南部安达曼海
- 交通　从曼谷乘飞机前往，也可乘游轮前往

tips

甲米岛紧临安达曼海，水路交通方便，有渡船连接甲米府城与各个岛屿。每年的 5 ~ 11 月为季风盛行时期，这时候出海，风浪会很大，许多人可能会不适应；有时渡轮也会因为风浪太大而停航，要留意当地的天气预报及海港的海浪预报。

皮皮岛

皮皮岛是由北部的大皮皮岛和南部的小皮皮岛及周围 4 座小岛组成的群岛，1983 年被定为泰国国家公园。这是一个深受阳光眷宠的地方，拥有柔软洁白的沙滩、宁静碧蓝的海水、鬼斧神工的天然洞穴、未受污染的自然风貌，是许多电视剧的拍摄地。

- 地址　普吉岛南面
- 交通　在普吉岛坐长尾船或快艇过去

tips

小皮皮岛至今仍是个无人岛，是绝佳的潜水点。上岛收费 200 泰铢 / 人，附近浮潜不另外收费。

PART 7　泰国主题游精选

珊瑚岛

珊瑚岛又称可兰岛，海底有许多珊瑚和热带鱼，岛四周有众多沙滩，风光优美，是各种水上运动的最佳选择地点。岛上随处可见潜水爱好者和水上降落伞爱好者，还有在这里享受阳光浴的人们。此外，还可乘坐别具一格的玻璃底小船，到海中去探索奇景。

- 🏠 **地址** 距离芭堤雅约 9 千米
- 🚌 **交通** 从芭堤雅可乘固定班次的渡轮前往，约 15 分钟可到；或租快艇、长尾船前往

tips

在珊瑚岛，可以参加海中漫步（戴着钢盔到海底喂鱼，约 1500 泰铢/人）、滑翔伞等特殊旅游项目。此外，一般酒店还会向客人推出潜水项目，从最基本的潜水课程到配备专业潜水设备的高级课程，有多种套餐可供选择，价格一般为 2000～12 000 泰铢。

其他岛屿

其他岛屿推荐		
名称	位置	交通
皇帝岛	距离普吉岛约 20 千米	从普吉岛坐快艇约 25 分钟可到，坐普通渡轮约 50 分钟可到
涛岛	苏梅岛以北约 45 千米	从苏梅岛坐船约 2 个小时可达
帕岸岛	苏梅岛以北约 15 千米	在苏梅岛搭船前往
南园岛	泰国海湾，龟岛西北面	从龟岛西海岸坐小船约 10～15 分钟可到
兰达岛	泰国南部的攀牙湾东边	从甲米可通过车辆轮渡，开车前往兰达岛
沙美岛	曼谷东南方罗勇	从罗勇租皮卡或摩托车前往
可兰岛	距芭堤雅约 9 千米	从芭堤雅乘渡轮约 45 分钟可到
萨岛	芭堤雅海峡以西 10 千米	从可兰岛可以乘船前往
斯米兰群岛	泰国普吉岛西北约 90 千米处	车行至普吉岛以北约 80 千米的攀牙府达瓜巴县海岸，从拉姆码头乘快艇前往
丽贝岛	泰国最南端	从合艾出发，车船联程前往

管家提示

1 海岛游玩注意事项

如果安排海滩活动，可提前准备沙滩裤、游泳衣和沙滩鞋。乘船或进行水上活动时，要穿上救生衣；船开动行进当中，不要走动，也不要将手或脚放在船边；晕船要带好晕船药。此外，防晒工作也很重要，一般防晒指数在40以上的防晒霜才有用。

2 防骗

海岛的水上运动丰富多样，在中国游客多的地方，可能会遇到不少能讲简单中文的当地人游说游客坐摩托艇等，等摩托艇开到海中间后，欺骗游客说摩托艇坏了需找别人来拖，以此讹诈游客钱，要小心为妙。参加水上运动时，建议找正规的旅行社或到当地旅游服务中心报名。

3 泰国潜水胜地

泰国有许多潜水胜地，其中斯米兰岛被公认为是世界级的知名潜水地区，普吉岛及其周边则是到达安达曼海域潜点的最佳出发地，苏梅岛被认为是开始潜水学习的最佳地。潜水时要注意安全，按照规定做好安全措施，潜水之前要先办安全保险。

泰国潜水胜地推荐

名称	特色	交通
皇帝岛	水温适合，浪比较小，在岛上不同地方浮潜可看的鱼也不一样。如果去潜水的话，推荐11月至次年4月去，避开雨季，可以看到更美的海底世界	从普吉岛乘快艇约30分钟
涛岛	潜水爱好者的天堂，这里的潜水培训价格相对低廉，是东南亚最大的潜水培训中心	从苏梅岛乘船约2小时
皮皮岛	玛雅湾、竹子岛、蚊子岛以及附近都有浮潜点	从普吉岛乘船约2小时
斯米兰岛	珊瑚最多、水质最好的地方，每年11月至次年4月底（5月初）开岛，通常4月30日是最后的登岛时间，雨季时不允许船只和游客进入	在 Thap Lamu 乘船前往
素林岛	每年11月16日至次年5月15日开放，分为深潜和浮潜，可看到珊瑚、海葵、贝类等	从攀牙府 Wuraburi 乘快艇前往

NO.4 SPA 之旅

去泰国旅行，一定不能错过 SPA，做一次泰国 SPA 可以缓解旅途疲劳，在清香缭绕的氛围里忘却一切烦扰，彻底享受到无比放松的感觉。

 过来人经验谈

 赵先森·男·某公司职员·自拍狂人

在泰国，类似 SPA 的放松方式有很多种，泰式按摩、鱼疗等都很新鲜，甚至马路边的小店都会有一缸鱼可以给你的脚减压，价格也极其便宜，100 泰铢就已经能接受很好的服务了。

 夏天的末儿·女·只是爱旅行，没有环游世界的勇气

清迈最为出名的就是女子监狱"马杀鸡"了，店面挺大，就在三王广场附近。做 1 个小时的全身"马杀鸡"好像是 180 泰铢，约合人民币 40 元，这个价格在清迈的"马杀鸡"店中算非常便宜的了。里面做"马杀鸡"的技师，都是服刑期在 6 个月内的女性，监狱怕她们重回社会后没法找到工作，就让她们学一门"马杀鸡"的技术，并且她们赚到的钱都是归自己所有的。需要注意的是，女子监狱"马杀鸡"生意非常非常好，预约当天的"马杀鸡"，要早上 10 点之前去。

Health Land

在泰国开有多家分店,是一个专业的水疗服务中心。每一家店面都有独特的风格,装修较奢华,拥有独立按摩房,环境干净整洁。服务的花费与一般 SPA 按摩中心差不多,价格比酒店 SPA 便宜。

- 地址　55/5 Sukhumvit 21 Road,Bangkok
- 交通　轻轨 BTS 或地铁 MRT 到 Asok 站
- 营业时间　9:00 ~ 23:00
- 收费　850 泰铢(90 分钟芳香全身按摩),450 泰铢(120 分钟传统泰式按摩)
- 网址　www.healthlandspa.com

其他分店推荐		
名称	地址	电话
Health Land Srinakarin	70/21 Moo 2,Sirnakarin Rd. Nongbon,Phawat,Bangkok	66-2-7488135-9 66-2-7465376-8
Health Land Sathorn	120 North Sathorn Rd. Silom, Bangrak Bangkok	66-2-6378883
Health Land Pinklao	142/6 Charansanitwong Rd. Arun Amarin,Bangkok Noi Bangkok	66-2-8824888
Health Land Ekamai	96/1 Soi Sukhumvit 63(Ekamai) Sukhumvit Rd.,Prakanong Nua, Wattana,Bangkok	66-2-3922233
Health Land Chaeng Wattana	5/55 Moo 3 Chaeng Wattana Rd. Klongklau Pakkret Nonthaburi	66-2-5733355
Health Land Asoke	55/5 Sukhumvit 21 Rd.(Asoke), Khlongtoeinuea,Wattana,Bangkok	66-2-2611110
Health Land Rama 2	5/5 Rama 2 Rd., Thakam, Bangkhuntian,Bangkok	66-2-4511155
Health Land Pattaya	159/555 Moo 5,Pattaya Nua Rd., Naklua,Banglamung,Chonburi	66-3-8371473-7

PART 7

泰国主题游精选

亚洲草本协会（Asia Herb Association）

这是一家日本人开的 SPA 店，很注重服务质量、卫生和环境。这家的香薰使用自己种植的草药，并出售自己开发的 SPA 产品。精油泰式按摩备受喜爱，泰式草药球也是这家的特色。

- 地址　20/1，Sukhumvit Rd.，Soi24，Klongton，Klongtoey，Bangkok
- 交通　乘轻轨 BTS 在 Phrom Phong 站下
- 网址　www.asiaherbassociation.com

悦榕庄 SPA

悦榕庄 SPA 以健康身心的方式，融合了传承世代的亚式疗法，让人可以享受到非凡的 SPA 体验。所有疗程（美容美发疗程除外）均包含 30 分钟的静心时间，包括足部浸浴、茶点和放松休息时间。

- 地址　21/100 South Sathorn Rd.，Bangkok
- 网址　www.banyantree.com

迪瓦娜水疗中心（Divana Virtue SPA）

泰国最为人熟知的 SPA 品牌之一，在曼谷有几家分店。花园式的场所，环境幽雅，每个房间都有自己的浴缸和独立厕所，大屋及房间设计很有英式风格。在这里你可以享受到搓身、泥体膜、按摩、蒸汽、牛奶沐浴等服务。

- 地址　10 Srivieng，Silom，Bang Rak，Bangkok
- 交通　乘轻轨 BTS 在 Surasak 下 3 号口出
- 网址　www.divana-dvn.com

佰特莱泰国健康中心（Phothalai Thai Wellness Center）

泰国最大的传统泰式按摩和水疗中心之一，内有展示古老泰式按摩起源的大型浮雕壁画，值得一看。在这里可以体验由专业理疗师带来的古法泰式按摩和泰式水疗项目。

- 地址　Yothin Phattana 3, Bang Kapi, Bangkok
- 网址　www.photalai.com
- 收费　1050 泰铢（120 分钟泰式按摩），1600 泰铢（120 分钟精油按摩）

Let's Relax

这是泰国最高端的按摩店之一，有很多分店。按摩有泰式按摩（普通的按摩）、药草、精油、热石、四手按摩。店内一般都配有中文介绍手册，不预约一定没有位置，在网上预约会有优惠券。

- 地址　209/22-24 Raj-U-Thid Road，Patong Beach，Phuket
- 营业时间　10:00～24:00
- 网址　www.letsrelaxspa.com
- 收费　150～7800 泰铢

萨拉当按摩街（Sala Daeng）

如果想体验一下实惠且方便的泰式 SPA，可以选择到 Sala Daeng 按摩街。这条街有很多按摩小店，提供泰式按摩、脚底按摩、精油按摩和美甲等服务，价格实惠。需要留意的是，有些按摩店只有男性按摩师。

- 地址　Sala Daeng Road，Bangkok
- 交通　乘轻轨 BTS 在 Sala Daeng 站下
- 收费　250 泰铢（60 分钟泰式按摩），500 泰铢（60 分钟精油按摩）

管家提示

1. 认识泰国不同的 SPA 种类

泰国 SPA 的种类大致分为 Angsana SPA、Bayan Tree SPA、Ban Sabai SPA、Andara SPA 四种，除此之外各酒店有自行研发的 SPA 疗程，内容从传统按摩、身体治疗、花瓣水疗、脸部保养、天然草药疗养等一应俱全。

SPA 种类			
种类	疗程	受欢迎的疗程	功效
Angsana SPA	分为 28 种疗程	Ayurvedic 按摩、Fusion 按摩、Angsana 按摩是最受欢迎的全身舒压按摩及肌肤美容护理，以传统泰式草药护理和香蕉泥护肤的肌肤护理最为热门	消除紧张，舒缓紧绷的肌肉，帮助血液循环，使皮肤光滑细致
Banyan Tree SPA	身体按摩、身体护理、脸部保养	Royal Banyan、Harmony Banyan	促进血液循环，减轻肌肉压力
Ban Sabai SPA	按摩、身体护理、药草浴、手脚指甲保养及 3～5 小时的组合疗程	以当地传统按摩及草药疗法为主，药草精油按摩较受欢迎	使身体自然放松，舒缓全身肌肉压力
Mandara SPA	精油按摩、身体护理、脸部及足部护理	精油按摩的两人四手芳香疗法	可以促进血液循环，减轻肌肉压力

2. SPA 注意事项

有心脏病、皮肤病、高血压等症或者处于怀孕及生理期中都不宜做 SPA。一套完整的 SPA 过程通常需要 1～3 小时，空腹或刚吃完饭不适合做 SPA。在接受疗程 3 个小时之前，不要喝酒或含有酒精的饮料，在疗程中不能抽烟。SPA 后不宜安排过于辛苦或刺激的事情，最好是能进行一些舒缓的事情。

3. 挑选 SPA 疗程

挑选 SPA 的疗程须与身体的实际情况相互匹配，选择前尽可能多地跟芳疗师进行沟通，选择最适合的疗程。

4. 学会必用泰语

轻一点——掐掐耐（SPA 必须！）
重一点——抱抱耐
你好——萨瓦迪卡
谢谢——卡空
厕所——航南

NO.5 其他特色主题

PART 7

泰国主题游精选

 过来人经验谈

 爱在驴途·男·自由职业者·大神级别

我们去看了传说中的长颈族，除了新鲜感以外，觉得他们好可怜，不知道是不是在泰国受到佛教文化的影响，一路上很容易生出一种悲悯之情。他们被规定只能定居在这里，虽然我们会付出高额的门票，可其实他们自己并不能得到很多。有时候我会怀疑，像我这样的游客的到来，到底是对是错呢？

 夏天的末儿·女·只是爱旅行，没有环游世界的勇气

如果有时间一定要去参加夜游动物园的项目，真的是很新鲜刺激呢。不过喂动物的时候要小心，不要用手去喂，可以把食物放到地上，要不然被大嘴巴的动物咬到手，可就不好玩了。

清迈夜间动物园

　　清迈夜间动物园（Chiang Mai night safari），位于清迈著名的素帖山国家公园，为泰国最大的夜间野生动物园。如果您想要轻松认识大自然野生动物，这里将是您最好的选择。动物园里有许多来自非洲地区的动物，炎热的气候环境养成了它们夜间活动的习性，如果白天造访动物园，只能看到熟睡或懒洋洋的动物们，到了夜幕垂降之后，它们才会出来活动，因此夜间是观赏动物的最适当时机。清迈夜间动物园吸引游客利用夜晚前往肉食动物栖息区，这绝对是一项最难得又有趣的体验活动。

　　清迈夜间动物园分为三个区域：南区、北区、步行区。南区有白牛、河马、鹿、山羊、斑马、长颈鹿、袋鼠等动物；北区有骆驼、黑熊、羚羊、白虎、老虎、狮子、羊等动物；步行区位于南区和北区中间，有马、黑熊、黑豹、浣熊、孔雀等动物；温顺的动物被放养在南区，游客可以接触这些动物，而像狮子、老虎这类动物就集中在北区，游客只能隔着笼子看它们了。

🏠 **地址** Hang Dong District, Chiang Mai Moo 12

🌐 **网址** www.chiangmainightsafari.com

大象一日游

　　大象一日游是很多人到泰国都会体验的项目，大象一日游的代订公司很多，跟自己入住酒店的前台预订是最省事省力的。泰国的代订公司很多，竞争也比较激烈，所以不用担心订不到的问题。在清迈的大象一日游项目多半是参观兰花园、蝴蝶谷加上大象表演等节目。参考价为 700 ~ 800 泰铢。

四轮越野摩托车

　　在清迈各个代订点都有这项活动。参考价格为 2500 ~ 3000 泰铢。可以亲自驾驶四轮越野摩托车穿过丛林，跨过小河，驶经狭窄泥泞的山间小路，爬过崎岖不平的山路，让你体验越野的刺激，同时又可欣赏泰北优美的自然风光。

 管家提示

　　在骑四轮越野摩托车的时候一定要注意安全，切忌速度过快，追求一时刺激。选择大象一日游，最好预留零钱购买香蕉喂食大象，否则很容易被大象"嫌弃"。在夜游动物园的时候建议大家在光线不强的地方拍照也不要使用闪光灯，避免吓到动物们，游览车内有照明灯，大家可以等到动物们靠近再拍照。

PART 7　泰国主题游精选

Part 8
突发情况从容应对

NO.1 物品丢失

过来人经验谈

爱在驴途 · 男 · 自由职业者 · 大神级别

丢东西不可怕，可怕的是东西丢了补不回来，耽误行程不说，还有可能住不了酒店，露宿街头，甚至还会有回不了国的风险。所以旅行前一定要准备好自己的护照资料页和签证页、中国身份证及它们的复印件各N张、免冠证件照N张，并且一定要远离护照存放，不然一丢全丢了！在U盘、邮箱、网盘里都要存上一份电子版的证件扫描件。如果在准备如此齐全的情况下，护照被偷、复印件丢失、U盘中毒、邮箱也被盗的话，那唯一的解决办法恐怕就是不要出门了吧。

★ 护照丢失

1 报案

向当地警察局报失，获得警察局出具的报失证明、丢失护照的书面报告，再去邻近的中国驻泰国使领馆补办护照。

2 准备补办文件

当地警察局的报失证明、丢失护照的书面报告，丢失护照的复印件，身份证原件及复印件，护照申请表，护照照片3张（照片须为正面、免冠、半身、光面相纸、背景为白色或淡蓝色、半年内的彩色照片）。补发护照需1000泰铢的费用。

3 补办护照或旅行证

到中国驻泰国使领馆补办护照或旅行证，才能回国。

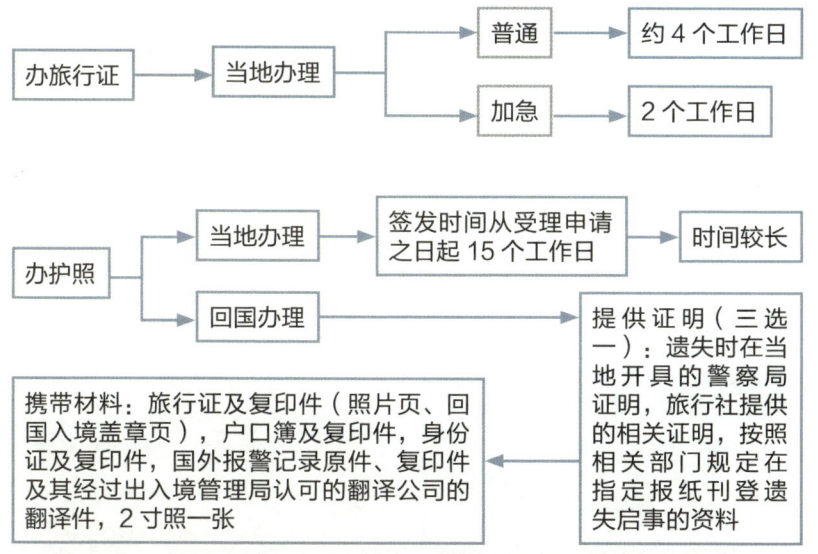

携带材料：旅行证及复印件（照片页、回国入境盖章页），户口簿及复印件，身份证及复印件，国外报警记录原件、复印件及其经过出入境管理局认可的翻译公司的翻译件，2寸照一张

提供证明（三选一）：遗失时在当地开具的警察局证明，旅行社提供的相关证明，按照相关部门规定在指定报纸刊登遗失启事的资料

★ **信用卡丢失**

1 拨打电话挂失
拨打所持信用卡国际组织的24小时海外紧急支援电话，办理挂失。

2 紧急取现
每家信用卡发卡行取现金额上限不同，且仅限一次。

3 紧急补卡
问清补发所需时间和手续，告知对方在泰国的地址，办卡通常需1~2天。失卡人可在指定的当地发卡机构领取紧急替代卡。紧急替代卡仅供一般消费，无法取现，有效期一般为两周至一个月。

tips

在泰国旅行，应提高安全防范意识，妥善保管个人财物，注意人身安全。不要随身携带大量现金，并将护照复印件留家中备用；不要将贵重物品留在酒店房间，在办理酒店入住、退房手续时，要特别注意包不离身；当有人和你搭讪或者试图分散你的注意力时，要及时确认随身财物安全，警惕团伙偷盗行为。

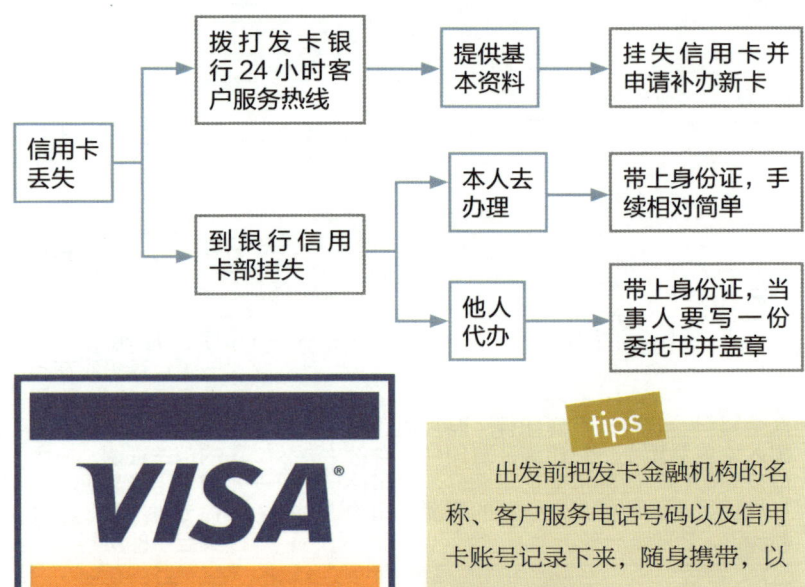

> tips
>
> 出发前把发卡金融机构的名称、客户服务电话号码以及信用卡账号记录下来，随身携带，以便需要时翻查。

★ 行李丢失

1 在周围找
先看周围有没有类似的行李，若有，行李可能被错拿。

2 找人帮忙
在机场或酒店都可以找工作人员帮忙。

3 遗失登记
在机场，可持贴在登机牌上的行李存根填写报失单，写清楚行李箱中的物品和价格，保留一份副本及工作人员的姓名及电话。

4 理赔
行李在3天内没有被找到，航空公司会按照合同给予赔偿。

★ 机票丢失

1 机票挂失
在国内机票丢失，可直接打电话到对应的航空公司挂失，然后到柜台换领新的机票；在泰国丢失，可到航空公司在当地的办事处办理替代机票。如果是电子客票遗失了，则无须挂失，可凭身份证或护照直接登机。

2 补办机票
带机票复印件到对应的航空公司在当地的办事处办理挂失和补开替代机票。

3 申请退费
若没有原机票复印件，可以另外买机票回国，回国后再到原航空公司填写遗失机票挂失申请单。如果遗失的机票没被盗用，一定期限后，可向航空公司申请退费。

★ 遇到小偷

若遇到了被偷或被抢的情况，可向当地警察报案或请酒店柜台工作人员找警察来处理，申请开被偷证明，便于向保险公司申请理赔。如果在街上遇到这种情况，不要试图与小偷搏斗或去抓小偷。

管家提示
到泰国前，可将所有航程的机票复制一份或存在邮箱里，随身携带的复印件与正本分开放。只有遇到机票遗失的情况，才能找航空公司补发替代机票。

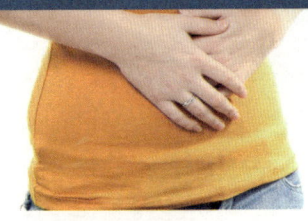

NO.2 身体不适

 过来人经验谈

 夏天的末儿·女·只是爱旅行，没有环游世界的勇气

在泰国看到救护车前面的英文字母都贴反了，认真思考了很久（经高人点拨）之后，才明白，救护车前面的字母是故意这么贴的，为了给前面车的司机看，这样前面车的司机从反光镜看就是正常显示的字母了，可以及时给救护车让路。

★ **说说泰国医疗**

泰国的医院里西医占统治地位，医院有公立和私立，规模从国家级到乡一级再到各类专门的诊所都有。除了有皇家和医学院赞助背景的几家医院外，一般来讲，无论医疗水平、设备仪器和服务质量等，公立医院都没办法和私立医院比。

曼谷几家大型医院如曼谷中央医院（Bangkok General Hospital）、康民医院（Bumrungrad Hospital）均提供中文翻译服务。如果病情严重，可以拨打急救热线191求助，也可前往就近医院的急诊室。曼谷市内的主要医院都有24小时待命的急诊室，普通门诊时间是周一至周五8:00～18:00。一些大医院能在非工作时间和周末提供服务。

★ 买药方式

如果没有药,可以去屈臣氏、Boots、超级市场、零售店(如7-11等)及药房等场所购买。如果原本身体有恙,应带好诊断书、药物等,当药物不够时,可凭诊断书、药方到泰国当地的医院配药。

★ 食物中毒

如果只是轻微食物中毒,可先试着喝大量水,清理肠胃,上吐下泻症状差不多结束之后,再吃点止泻药。若比较严重,可请求别人帮忙,到附近的诊所或医院就诊。

★ 普通感冒

在去泰国前,可以准备一些常见的治疗感冒的药品。出现感冒症状时,可先吃药缓解,再好好睡上一觉,补充体力。

★ 突发疾病

在泰国旅行需要特别注意卫生问题,旅途中尽量少吃生冷食物、少喝冷水或非瓶装水。如果突发疾病,可求助于身边或附近的人员,帮忙叫救护车或前往附近的医院,尽量安排就医。若为慢性病发作,携带国内提前准备的英文诊断书,让当地医生尽快做出判断。

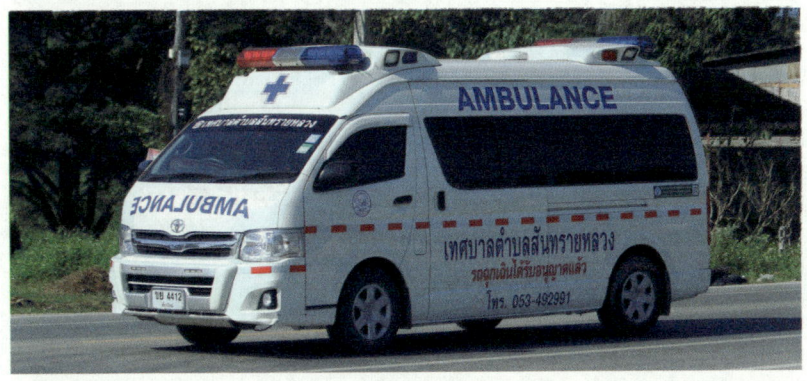

管家提示

泰国的大街小巷遍布正规药店,这些药店受泰国政府严格监管,不敢卖假药。此外,泰国每家7-11一般都有日常非处方药品出售。如果生病需要去医院,可通过中介公司聘请中文翻译。在曼谷、芭堤雅等旅游热门地,一些著名的医院都有中文医护员,如芭堤雅的曼谷医院芭堤雅分院(Bangkok Hospital Pattaya),配有中文翻译员及中文医护人员,非常方便。

NO.3 其他突发事件

过来人经验谈

旅行者－阿鬼·男·专业旅行者

我和阿涛在曼谷的时候刚好赶上反对派占领曼谷很多区域,他们经常跟警察对着干,街上到处可看到用沙袋堆起来的防守哨所,但是双方都不伤害老百姓和游客;外面是军队把守,中间是红十字会医生救援,里面是蒙面的反对派穿着防弹衣带着黑面具巡逻,还有帐篷区,住宿、吃饭都免费。我和阿清胆子很大,我俩蹭了顿面条(确实是饿了),工作人员看出来我俩是华人,还用中文对我们说咖喱辣,少加。反对派当时占领了暹罗广场,路上都是他们自己的摊位在卖些东西,还有"马杀鸡"按摩,一小时30元人民币,这样的暴乱很文明,不过我们外国人不参加任何活动。

夏天的末儿·女·只是爱旅行,没有环游世界的勇气

在曼谷经常能看到印度人,之前跟一个印度人聊过天,本来只是目光交会时出于礼貌微笑了一下,他就开始和我说话,交谈内容是关于哪里来的,来了几天,住得怎样,之后打算去哪里,做什么工作等。他说的英文口音很重,我的英文也不好,反正我是想赶紧结束这段谈话。后来回到住的地方,旅店老板用蹩脚的中文说,可以和这些人谈话,但不要跟这些人去,我在这里看见受骗的多了。瞬间后怕啊,看来外出游玩,还是有危险的呢,自己小心为上。

★ 卫生间

泰国的商场、超市、景点、寺庙等地都有卫生间,卫生间有传统卫生间、蹲便式卫生间、坐便式卫生间。卫生间上一般都有标志和泰文,有的卫生间会有英文标志。有些卫生间需要收费,但价格很便宜,折合成人民币约0.6元。

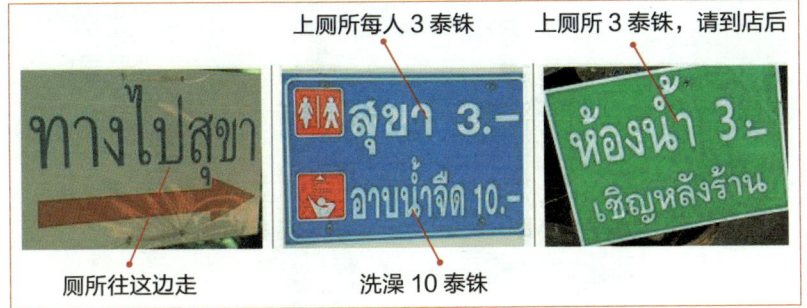

认识各种卫生间标志

女士卫生间：门上一般有"穿着长裙的女士"标志或身着传统服饰双手合十的女陶娃娃。

男士卫生间：一般是"穿着长裤或短裤的男士"标志或身着传统服饰双手合十的男陶娃娃。

老人和残疾人卫生间：门上一般有"坐轮椅或拄着拐杖的人物形象"。

第三性卫生间：门上的标志是"一条腿穿长裤另一条腿着长裙"，或者是"穿着长裙的男人标志"。

寻找卫生间

（1）汽车站、火车站、市场的卫生间

泰国的大小火车站、汽车站、市场都有卫生间，以泰国传统的卫生间为主，手动式冲洗厕所，比较潮湿，基本上没有厕纸，需自备。

（2）寺院卫生间

基本上所有的寺院都有卫生间，而且都非常干净。一些设施比较好的卫生间有专门的洗手台、洗手液、擦手纸等。

（3）商场、酒店的卫生间

这些地方的卫生间，一般可以免费使用。高档酒店除了每个房间有卫生间外，大堂周围也设有卫生间，中低档的酒店大堂一般没有卫生间。

 管家提示

可到外交部网站 www.mfa.gov.cn 上查询中国各驻外使、领馆的联系方式以及相关的旅行提示、警告等，提前做好应对突发情况的准备。此外，要随时与家人和朋友保持联系，同时在护照上写明家人或朋友的地址、电话号码，以备紧急情况下有关部门与亲朋好友能及时取得联系。

专题:
带小孩游泰国

泰国有许多适合各年龄段小孩游玩的景点及活动,提前做好准备,与小孩一起去旅游,并不是一件很麻烦的事情。

★ 机票

国内航空公司规定婴儿必须出生满14天后才能登机,以免呼吸器官无法适应。购买婴儿票须告知出生日期,婴儿票一般是正价的10%,没有燃油和机场建设费,没有座位。已满2周岁未满12周岁(以起飞日期为准)的儿童,按同一航班成人普通票价的50%付费,有座位。

1 座位选择

换登机牌时,提前声明自己带有孩子,尽量让工作人员安排在人少的地方或者靠舱壁的座位。带孩子最好坐在靠边的位置,可把毛巾放在前面的地板上,让孩子在上面玩耍。

2 儿童或婴儿餐

部分国际长途飞机提供儿童或婴儿餐,需要在购票时说明需要婴儿餐,不说就没有。

3 生理安全

起飞和降落时,小孩耳膜容易受影响,可让小孩喝奶、喝水、吃东西等,尽量让小孩张开嘴,让耳膜所受气压平衡就好。

4 整理清洁

若小孩需要换尿布，一定要带去卫生间处理。飞机两边的厕所，都带有婴儿更换尿布的放板。

5 随身携带物品

带好婴儿食品，以备不时之需。飞机上较干燥，带上湿纸巾。如果怕小孩哭闹，可以准备小孩平时喜欢的图画书或不出声的玩具，还可以准备一些小孩喜欢吃的零食。

★ 住宿

预订泰国住宿时，可选择酒店、公寓、家庭客房，房间通常有两张床，适合举家出行者。如果选择民宿，在预订时要询问是否允许儿童入住、带儿童入住有无限制条件等。

★ 游玩

1 时间选择

泰国的一年四季温度都比较高，旅游旺季一般在 11 月至来年 4 月底，旺季出游的人非常多，需要提前预订住宿、受欢迎的旅游目的地等。出行可选择避开旺季的时段。

2 线路设计

设计线路时要考虑行程尽量轻松，不能让小孩子太过于疲劳。在行程中尽量安排一些有趣的旅游点。如果天气不好，可安排到博物馆等室内场所游玩。若乘船出海玩，要考虑小孩是否会晕船，到海上潜水还要考虑小孩耳压承受能力。

3 适合孩子游玩的地方

东海岸和昌岛：这里适合所有带小孩的家庭，海水干净，可以在浅海游泳，也可以在海滨散步。还可以和小孩一起骑大象游丛林或划皮艇驰骋海上。

南部海湾：华欣有长长的海岸线，适合短途徒步游，有山坡寺庙可以观赏猴子。在众多的小岛上，可以一起

床就到海里嬉戏。

普吉岛和安达曼海岸：普吉岛有许多适合家庭的娱乐项目，沿着海岸线分布着许多岛屿，家长可以和小孩尽情享受海滨乐趣。

4 享受折扣

在旅游景点、门票、交通费用方面，儿童一般可以享受到半价的优惠。有些景点和游玩设施还提供家庭套票，比单买合适。大多数的景点对2岁以下的儿童免费开放。

tips

1 准备常用物品

除了小孩必备的衣服和其他生活用品，行李包上一定要随身备好可以保暖和挡风雨的外套或风衣。出发前，建议准备些适合小孩用的感冒药、肠胃药、退烧药、跌打损伤、蚊虫叮咬药膏等常用药，还可准备一支体温计。

2 小孩在飞机上哭闹

如果小孩哭闹，可以递给小孩平时喜欢的图画书或不出声的玩具。如果很难哄，家长应主动向其他乘客表示歉意。

3 小孩身体不适

出门前建议准备适合小孩用的抗感冒、退烧、止咳、止呕、止泻等常用药，最好准备一支体温计。在出国前可购买旅行伤害保险和医疗保险，带上保险公司所发的小册子，若孩子受伤或生病，可按小册子联系当地的指定机构，一般都能提供中文或英文服务。

4 不要让小孩离开自己的视线

带小孩出去游玩，安全第一，不能光顾着玩而忘记小孩的存在，一定要让小孩一直在自己的视线内。

专题：
带老人游泰国

　　泰国四季气温较高，自然风光优美，备受老年旅游者的青睐。带着老人去泰国旅游，也许旅游脚步会放慢，但也能找到不一样的乐趣。

★ 住宿

　　在泰国住宿，可选择酒店、公寓、家庭客房等，预订时可询问酒店是否有电梯和是否提供早餐。入住时，尽量让工作人员安排安静、整洁的房间。老人夜间要有陪伴人员同住，最好选有两铺位的标准房，不宜住在人多、声音嘈杂、干扰安睡的地方，保证老人能得到6～7小时的睡眠时间。

★ 游玩

1 时间选择

　　泰国气温较高，炎热的夏季不太适合外出旅游，春暖花开的时节最适合老人旅游。泰国气候变化大，可根据不同城市或者景点的气候状况，选择出行时间。旅游时间不宜过长，建议以7～12天为宜。

2 行程安排

旅游会打破老人平时的作息习惯，在行程安排上不宜太紧密，以舒适、慢节奏为主。选择目的地时，除了老人感兴趣、没去过的新鲜地方外，还要考虑目的地的气候、地理条件、舒适度等要素。老人宜多玩水，少游山；多游平地名胜古迹，少一些登高涉险的活动。对身体比较好的老人，可适当安排一些难度不大的登山、戏水线路。

3 推荐游玩地

曼谷：大王宫、卧佛寺、郑王庙、国家博物馆、旧国会大厦、曼谷河岸观光夜市、丹嫩沙多水上集市

清迈：素贴山双龙寺、帕辛寺、契迪龙寺、清迈国家博物馆、因他暖山国家公园

大城：大城王宫遗址、菩斯里善佩寺、邦巴因行宫、玛哈泰寺、卧佛寺、昭萨帕拉雅国家博物馆

普吉岛：芭东海滩、幻多奇乐园、攀牙湾

华欣：华欣火车站、爱与希望之宫、华欣海滩

4 享受优惠

老人在泰国旅游，可以享受到各种优惠。不少航空公司、泰国的旅游景点等，对老人都有特别的优惠票价。

Part 9 附录

★ 应急电话

应急电话	
紧急救助电话	191/123
国际接入码	001、007、008、009（不同的电信服务供应商）
话务员协调的国际长途	100
泰国政府旅游总局电话	662-6941442
旅游投诉	1155
电话查询	1133
火警	199
急救中心	1691
医疗救助	1669
交通事故	1197
泰国警察及旅游援助中心	662-2216206-9
泰国救护车电话	662-2460199

★ ATM 取款常用语

中文	英文	中文	英文
现金	Cash	密码	Personal Identification Number
取现	Withdrawal	更改密码	PIN Change
转账	Transfer	账户余额	Account Balance
快速取款	Fast Cash	余额查询	Balance Inquiry
支票账户	Checking Account	可用余额	Available Balance
储蓄账户	Saving Account	余额不足	Not Sufficient Fund
信用卡	Credit Card	终端便利费	Terminal Usage Fee
交易凭条	Recipt	取现金额超限	Amount exceeds withdrawal limit

★ 中国驻泰国使领馆

中国驻泰国使领馆		
名称	地址	电话
中国驻泰国大使馆	57 Rachadaphisek Road,Bangkok, 10400 Thailand	02-2450088
中国驻宋卡总领馆	NO.9,Sadao Road,Ampup Muang, Songkhla	074-322034
中国驻清迈总领馆	111 changloh Road,T.Haiya,A.Muang, Chiang Mai 50100 Thailand	053-280380
中国驻孔敬总领馆	142/44 M002,Rob-Bueng Road,Nai-Muang,Muang,Khon Kaen,Thailand 40000	043-226873

★ 泰国主要旅游网站

泰国主要旅游网站	
名称	备注
泰国旅游局	www.tourismthailand.org
神奇泰国	www.amazingthailand.org.cn
泰国 One Stop 旅游网	www.1stopchiangmai.com
Go Thailand Tours	www.gothailandtours.com
泰国高尔夫网站	www.thailandgolfparadise.com
泰国背包客	www.backpackersthailand.com
泰国旅行社网站	www.atta.or.th
曼谷旅游	www.bangkoktourst.com
曼谷网站	www.bangkoklifestyle.com
苏眉岛指南	www.samuiguide.com
苏梅岛网站	www.samui.org
帕岸岛信息	www.phangan.info
龟岛信息	www.kohtaoonline.com
清迈－清莱网站	www.chiangmai-chiangrai.com
普吉、喀比网站	www.pukettourism.org

★ 泰国世界遗产

截至 2015 年 7 月 8 日第 39 届世界遗产大会结束，泰国共有 5 项世界自然文化遗产。

泰国世界遗产

名称	获取时间	类别
素可泰古城镇及其相关古镇（Historic Town of Sukhothai and Associated Historic Towns）	1991年	世界文化遗产
阿育他亚（大城）古城及其相关古镇（Historic City of Ayutthaya and Associated Historic Towns）	1991年	世界文化遗产
童·艾·纳雷松野生动物保护区（Thungyai-Huai Kha Khaeng Wildlife Sanctuaries）	1991年	世界自然遗产
班清阿考古遗址（Ban Chiang Archaeological Site）	1992年	世界文化遗产
栋巴耶延山-考艾山森林保护区（Dong Phayayen-Khao Yai Forest Complex）	2005年	世界自然遗产

▲泰国世界遗产分布示意图

★ 泰国行政区划

泰国有76个一级行政区，包括75个府与直辖市曼谷。这76个行政区一般被划分为5个主要地区，包括北部、东北部、东部、中部与南部地区，每个府都是以其首府作为该府的命名。在府底下，又有更小的次级行政区划，分别称为郡与次郡。